COLESTEROL

GUIA DE SAÚDE

COLESTEROL

DR. PIERRE AMBROSI

TRADUÇÃO **Adriana de Oliveira**
CONSULTORIA **Dra. Sueli Vieira Santos**

Título do original em francês: Cholestérol
Copyright © 2005 by Larousse
Copyright © 2006 by Larousse do Brasil
Todos os direitos reservados.

EDIÇÃO BRASILEIRA
Gerente editorial **Soraia Luana Reis**
Editor assistente **Isney Savoy**
Tradução **Adriana de Oliveira**
Coordenação e edição **Valentina Nunes**
Consultoria **Dra. Sueli Vieira Santos**
Revisão **Agnaldo Alves de Oliveira** e **Caio Nehring**
Projeto gráfico e diagramação **Terra Design Gráfico**
Capa **Sguerra Design**
Produção gráfica **Fernando Borsetti**
Foto de capa © 2006 Jupiterimages Corporation

EDIÇÃO ORIGINAL
Direção geral **Carola Strang**
Direção editorial **Carole Bat**

Dados Internacionais de Catalogação na Publicação (CIP)
(Câmara Brasileira do Livro, SP, Brasil)

Ambrosi, Pierre
  Colesterol / Pierre Ambrosi; tradução
Adriana de Oliveira. -- São Paulo: Larousse do
Brasil, 2006. -- (Guia de saúde)

  Título original: Cholestérol
  ISBN 85-7635-123-4

  1. Colesterol 2. Hábitos alimentares
3. Hipercolesterolemia - Diagnóstico
4. Hipercolesterolemia - Prevenção
5. Hipercolesterolemia - Tratamento
6. Saúde - Promoção 7. Triglicérides I. Título. II. Série.

	CDD-616.3997
06-0616	NLM-QU 095

Índices para catálogo sistemático:
1. Hipercolesterolemia : Prevenção, diagnóstico
e tratamento : Medicina   616.3997

1ª edição brasileira: 2006

Direitos de edição em língua portuguesa, para o Brasil, adquiridos por
Larousse do Brasil Participações Ltda. Rua Afonso Brás 473, 16º andar São Paulo/SP
CEP 04511-001 Telefone (11) 3044 1515 / Fax (11) 3044 3437
E-mail: info@larousse.com.br / Site: www.larousse.com.br

NOTA EDITORIAL: *Esta obra foi preparada e redigida com todo o apuro e cuidado. Em razão
da amplitude dos temas abordados, pode conter alguma falha. Os editores não são responsáveis
pelas conseqüências de qualquer interpretação inadequada do texto. Deve-se lembrar,
sempre, que os livros constituem importantes fontes de referência, mas nenhum texto escrito
pode substituir a consulta a um médico. Evite a automedicação.*

apresentação

O colesterol está presente em todas as células do corpo, sendo necessário para que o nosso organismo se desenvolva normalmente.

A vida moderna, porém, alterou os hábitos das pessoas, elevando o nível de colesterol para além do que o corpo necessita. Para se ter idéia do problema, recente pesquisa realizada pela Sociedade Brasileira de Cardiologia detectou que 28,8% dos brasileiros entre 45 e 54 anos têm colesterol elevado.

Uma das graves conseqüências do aumento do colesterol no sangue é o seu depósito nas artérias, a arteriosclerose, doença que só faz aumentar os índices de mortalidade, especialmente quando associada a obesidade, sedentarismo, tabagismo, alcoolismo, entre outros hábitos prejudiciais.

Este livro do dr. Pierre Ambrosi nos ajuda a entender como o colesterol e os triglicérides podem se virar contra nós. Em linguagem acessível e objetiva, ele ajuda a responder uma série de perguntas bastante comuns entre os pacientes. As informações aqui apresentadas ensinam ainda a diferenciar o colesterol "bom" e o "ruim", buscando, assim, formas de conscientizar a todos para a gravidade do problema. O objetivo final é orientar o leitor a buscar maneiras mais saudáveis de se comportar e viver.

Dra. Sueli Vieira Santos
Médica cardiologista do Hospital do Coração, da capital paulista.
Membro do grupo IMeN, de Nutrologia. Graduada pela Faculdade
de Medicina de Jundiaí, em São Paulo.

compreender

1 O QUE É COLESTEROL 9
　Lipídios, componentes do organismo 10
　Colesterol e triglicérides 13
　Colesterol no organismo 16
　Variações do colesterol no sangue 20

2 HIPERCOLESTEROLEMIA 23
　Taxa anormal de colesterol 24
　Principais causas da hipercolesterolemia 27

3 CONSEQÜÊNCIAS DA HIPERCOLESTEROLEMIA 35
　Principal risco: arteriosclerose 36
　Riscos de complicação cardiovascular 42

agir

- **④ EXAMES** 47
  - Como diagnosticar a hipercolesterolemia 48
  - Exames em caso de hipercolesterolemia 52

- **⑤ BONS HÁBITOS ALIMENTARES** 60
  - Alimentação saudável 61
  - Gorduras 68

- **⑥ QUALIDADE DE VIDA** 71
  - Alimentação 72
  - Colesterol e mulher 75

- **⑦ TRATAMENTO** 78
  - Estratégia geral 79
  - Medicamentos para o colesterol 82
  - Adotar um tratamento 88
  - Tratamento da hipertrigliceridemia 92

- ● DÚVIDAS MAIS FREQÜENTES 94
- ● VERDADES E MENTIRAS SOBRE O COLESTEROL 96
- ● GLOSSÁRIO 98
- ● ÍNDICE 101

compreender

1. O que é colesterol
2. Hipercolesterolemia
3. Conseqüências da hipercolesterolemia

O que é colesterol

- Lipídios, componentes do organismo
- Colesterol e triglicérides
- Colesterol no organismo
- Variações do colesterol no sangue

Lipídios, componentes do organismo

O QUE SÃO LIPÍDIOS

Lipídios são moléculas orgânicas insolúveis em água mas solúveis em outros lipídios, como no álcool, clorofórmio e éter. São formados por uma cadeia de carbono ligados a moléculas de hidrogênio e oxigênio. Alguns lipídios complexos contêm fósforo, nitrato ou enxofre.

LIPÍDIOS PRESENTES NO ORGANISMO

O organismo é composto por diferentes tipos de lipídios.

- **Ácidos graxos.** São constituídos por uma cadeia de quatro (ácido butírico) a 24 (ácido linoléico) átomos de carbono, e são considerados saturados ou insaturados, de acordo com a quantidade de hidrogênio fixado sobre a cadeia de carbono. A maioria dos ácidos graxos alimentícios comporta 16, 18 ou 20 átomos de carbono.
- **Colesterol.** Esse lipídio é sintetizado pelo fígado a partir dos ácidos graxos. É insolúvel na água em estado puro e deve ser ligado às proteínas para formar as lipoproteínas solúveis no plasma sanguíneo. O colesterol é o ponto de partida da síntese dos

hormônios esteróides (cortisona e seus derivados) ou dos hormônios sexuais.
- **Triglicérides.** São lipídios formados por três cadeias de ácidos graxos fixados sobre uma molécula de glicerol (uma cadeia de três átomos de carbono), que surge do metabolismo da glicose ou do álcool. Os triglicérides são a principal forma de transporte e armazenamento dos ácidos graxos.
- **Fosfolipídios.** Trata-se de uma variedade dos triglicérides ligados a um fosfato. São abundantes nas membranas celulares.

> ### O QUE É UM ÁCIDO GRAXO
>
> Os ácidos graxos, principais componentes dos lipídios, são ácidos orgânicos. Existem mais de 40 ácidos graxos naturais diferentes, que se distinguem essencialmente de acordo com o comprimento da cadeia de carbono e de seu grau de insaturação (existência de uma ou várias ligações duplas entre dois átomos de carbono vizinhos, na ausência de átomos de hidrogênio). Esse critério serve para distinguir:
> - ácidos graxos saturados (sem nenhuma ligação dupla);
> - ácidos graxos monoinsaturados (com uma ligação dupla);
> - ácidos graxos poliinsaturados (com várias ligações duplas, como o ômega-3). Os ácidos graxos que o organismo não consegue sintetizar e que devem ser supridos pela alimentação, são chamados de essenciais e são poliinsaturados.
>
> O ponto de fusão de um ácido graxo se eleva com o número de átomos de carbono e cai com o grau de insaturação: quanto mais poliinsaturados forem os ácidos graxos, mais baixo é o seu ponto de fusão. É por isso que o óleo de coco, líquido em estado natural, torna-se sólido quando saturado de hidrogênio: esse é o princípio da fabricação de gorduras para fritura.

- **Quilomícrons.** Essas grandes partículas lipídicas constituem a forma de transporte das gorduras alimentares no sangue, a partir do intestino, após a ingestão alimentar. Elas têm duração vital muito curta (4 ou 5 minutos) e liberam a gordura ou lipídios no fígado ou nos tecidos periféricos.

Os dois principais lipídios do sangue são o colesterol e os triglicérides.

Colesterol e triglicérides

COLESTEROL

Entre milhares de substâncias produzidas pelo organismo, o colesterol é uma das mais conhecidas. É um lipídio famoso por sua má reputação. Como ele pode formar depósitos que obstruem as paredes das artérias, constitui uma ameaça ao sistema circulatório. Mas o colesterol também desempenha papel benéfico e é indispensável ao bom funcionamento do organismo

Definição

O colesterol é um lipídio, ou seja, uma gordura que pertence à família dos esteróis. É de origem animal, ainda que certos vegetais possuam componentes próximos, como os fitoesteróis, que são encontrados principalmente em sementes de cereais ou em feijões verdes. No organismo, o colesterol encontra-se livre ou associado aos ácidos graxos: fala-se, então, em colesterol livre ou esterificado.

Presença no organismo

O colesterol está presente em todas as células humanas. De modo esquemático, no adulto ele se distribui da seguinte maneira:
- nos tecidos (cérebro, fígado etc.): 93g;
- no sangue: 7g.

O excesso de colesterol no sangue é considerado um fator de risco cardiovascular, por causa da capacidade que essa gordura tem em aderir nas paredes das artérias. Por outro lado, déficits de colesterol trazem efeitos negativos sobre a saúde, pois ele é responsável por funções indispensáveis ao organismo. No bebê, por exemplo, a falta de colesterol pode prejudicar o desenvolvimento cerebro-mental.

Funções benéficas

O colesterol é indispensável à vida. Ele é um dos elementos que compõem a membrana das células, além de contribuir para a síntese de moléculas indispensáveis ao organismo.

- O colesterol participa da formação das membranas celulares. A membrana dos glóbulos vermelhos, por exemplo, possui 60% de fosfolipídios e 25% de colesterol. Essa é a razão por que raramente são observadas deformações dos glóbulos vermelhos durante a ocorrência de doenças graves do fígado que provocam diminuição significativa da produção do colesterol.
- Ele participa da síntese de diferentes moléculas:
• **Vitamina D.** Dentro do organismo, ela tem dupla origem: é fornecida pela alimentação, mas também resultante da transformação que o colesterol sofre na pele, sob a influência dos raios ultravioleta do sol.
• **Ácidos biliares.** São transportados pela bile no intestino e são fundamentais para a absorção das gorduras.

DESCOBERTA DO COLESTEROL

O colesterol foi isolado pela primeira vez em 1769, por Poulletier de La Salle, a partir de cálculos biliares ("cole"significa bile, em grego). Sua descrição era a de "uma substância folhada, cristalina e brilhante". Anos depois, cientistas descobriram a substância no sangue, cérebro e paredes arteriais, e em certos alimentos.

- **Hormônios esteróides.** São derivados do colesterol e secretados por algumas glândulas endócrinas. São eles: estrogênios e progesterona, produzidos pelos ovários; andrógenos (testosterona, por exemplo), produzidos pelos testículos e pelas glândulas supra-renais; cortisol e aldosterona, produzidos pelas glândulas supra-renais.

TRIGLICÉRIDES

O colesterol não é a gordura mais abundante no corpo. Na verdade, os triglicérides formam as reservas energéticas armazenadas no tecido adiposo, ao redor dos órgãos e sob a pele. Eles fornecem às células, especialmente as musculares, os ácidos graxos necessários como fonte de energia ou como matéria-prima para a formação de outras substâncias. Os triglicérides também constituem a maior parte dos lipídios alimentares.

Excesso de triglicérides

A trigliceridemia (taxa de triglicérides) normalmente é de 50 a 150mg/dl (0,6 a 1,7ml). Taxas excessivas são um sinal de alerta, pois em geral estão associadas a outros fatores de risco arterial, como hipercolesterolemia (aumento anormal da taxa de colesterol), diabetes, alcoolismo, tabagismo ou obesidade.

Os triglicérides por si só, porém, são menos perigosos para o organismo do que o colesterol. Os triglicérides podem provocar pancreatite aguda (inflamação do pâncreas), mas apenas quando sua taxa estiver muito elevada (superior a 600mg/dl).

Colesterol no organismo

DE ONDE VEM O COLESTEROL

Colesterol alimentar

Uma parte do colesterol (de 300 a 600mg) vem de alimentos de origem animal (gema de ovo, laticínios, carne e peixe), os únicos a conter colesterol.

Esses alimentos chegam ao intestino depois de várias transformações. Nesse estágio, uma parte do colesterol é absorvida com outras gorduras, principalmente os ácidos graxos. Os sais biliares produzidos pela bile têm papel essencial nessa absorção: funcionam como detergentes deixando as gorduras solúveis em água.

O colesterol alimentar passa do intestino para a linfa e depois para o sangue, que o conduz ao fígado. Ali, ele se associa a proteínas e triglicérides para formar as partículas chamadas HDL-colesterol (lipoproteínas de alta densidade) e LDL-colesterol (lipoproteínas de baixa densidade). A densidade das lipoproteínas está ligada à porcentagem de lipídios: quanto maior, menor a densidade.

Colesterol sintetizado pelo fígado

A maior parte do colesterol do organismo (900mg) é sintetizada pelo fígado a partir dos ácidos graxos, de acordo com uma longa seqüência de reações controladas por enzimas. Outras células (especialmente as do intestino) também podem sintetizar o colesterol.

1 O que é colesterol

No fígado, o colesterol é integrado às lipoproteínas de dois tipos (ver pág. 18): os HDL (*high density lipoproteins*, ou lipoproteínas de alta densidade) e os LDL (*low density lipoproteins*, ou lipoproteínas de baixa densidade), que o permitem se dissolver no plasma.

Uma pequena parte do colesterol é desviada e utilizada para a síntese de hormônios.

Quando os aportes alimentares de colesterol são abundantes, a síntese pelo fígado é inibida. Por outro lado, quando os aportes alimentares são fracos, a síntese é estimulada. Já quando não ocorrem, o fígado consegue, por algum tempo, assegurar a totalidade das necessidades orgânicas de colesterol.

Síntese e transporte do colesterol
Uma parte do colesterol é fornecida pela alimentação, sendo a maior parte sintetizada pelo fígado. É nesse mesmo órgão que o colesterol se associa às lipoproteínas de dois tipos: HDL e LDL.

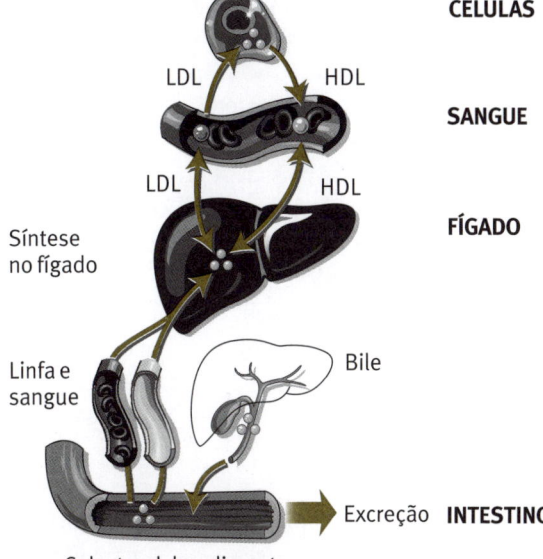

COLESTEROL "BOM" E COLESTEROL "RUIM"

Não existe colesterol puro no sangue. Ele está sempre associado às proteínas que o tornam solúvel no plasma. Substâncias formadas pela associação de proteínas e lipídios são chamadas de lipoproteínas. Existem quatro categorias de lipoproteínas, duas relacionadas ao colesterol: HDL e LDL.

Colesterol "bom"
O colesterol "bom" está associado às HDL (*high density lipoproteins*, ou lipoproteínas de alta densidade). As HDL são compostas por colesterol, triglicérides e proteína (cuja apoproteína A é medida nos exames laboratoriais). As HDL são a via de eliminação do colesterol sanguíneo. Elas possuem papel purificador benéfico, pois fazem o colesterol sair das células em direção ao fígado, que o elimina na bile. O valor desejável do HDL-colesterol deve ser superior a 45mg/dl (0,9mmol/l). A taxa do colesterol "bom" é baixa nos fumantes e pessoas sedentárias e elevada em quem pratica atividades físicas regulares ou consome álcool moderadamente (de 10 a 20g de álcool por dia, o que equivale a duas taças de vinho ou duas latas de cerveja).

Colesterol "ruim"
O colesterol "ruim" está relacionado às LDL (*low density lipoproteins*, ou lipoproteínas de baixa densidade). As LDL são compostas de colesterol, triglicérides e proteínas (principalmente a apoproteína B), mas em proporções diferentes das que se verificam na HDL (que são mais ricas em colesterol). Os LDL transportam o colesterol do fígado para as células periféricas, favorecendo a sobrecarga de colesterol nas artérias do sistema circulatório. Além disso, podem se oxidar e se tornarem tóxicas para as paredes arteriais. O ideal é manter o LDL-colesterol inferior a 130mg/dl (3,4mmol/l). O LDL-colesterol se eleva em caso de hipercolesterolemia familiar (aumento hereditário da taxa de colesterol sanguíneo), diabetes, insuficiência renal, hipotireoidismo (déficit em hormônios tireoideanos), dietas ricas em colesterol etc. Sua taxa é baixa em vegetarianos, em caso de desnutrição ou de hipertireoidismo (excesso de hormônios tireoideanos).

DO FÍGADO ÀS CÉLULAS

Entre o fígado e os outros tecidos do organismo, o colesterol circula no sangue sob a forma de LDL-colesterol. Uma vez nas células, ele se separa de seu transportador LDL. Depois, integra-se às membranas celulares, onde desempenha papel químico de destaque.

ELIMINAÇÃO DO EXCESSO DE COLESTEROL

Quando os aportes de colesterol vindos da alimentação são significativos, uma boa parte deles não é absorvida, sendo eliminada nas fezes. Estima-se que cerca de metade do colesterol alimentar que transita pelo intestino seja rejeitado através da excreção.

Além disso, o organismo se desfaz permanentemente de uma parte do colesterol na bile (400mg), a partir do colesterol transportado das células para o fígado na forma de HDL-colesterol. É por isso que os cálculos encontrados na vesícula biliar (que contém a bile) são em grande parte compostos por colesterol.

A SÍNTESE DO FÍGADO

Localizado no alto e à direita do abdome, o fígado é uma glândula anexa ao tubo digestivo, cuja função é sintetizar, armazenar e transformar diferentes substâncias, que podem ser de origem interna (provêm de órgãos e tecidos) ou externa (de alimentos ou medicamentos). Essa função se aplica também aos lipídios, como o colesterol, e aos glicídios, proteínas, hormônios e vitaminas. O fígado também é capaz de transformar substâncias tóxicas em não-tóxicas.

Variações do colesterol no sangue

VARIAÇÕES POR REGIÃO GEOGRÁFICA

As taxas de colesterol no sangue são bem mais baixas nas culturas cujo modo de vida continua baseado na colheita e na caça, independente de sua localização geográfica. O modo de vida é, portanto, determinante da colesterolemia (taxa de colesterol). Dois fatores explicam as baixas taxas entre os nativos papuas da Nova Guiné e os índios da Amazônia: sua alimentação é pobre em gorduras e eles têm atividade física constante.

VARIAÇÕES POR REGIÕES GEOGRÁFICAS	
POPULAÇÕES E REGIÕES	VALOR MÉDIO NO HOMEM
Índios ianomâmis (Brasil)	120mg/dl
Papuas (Nova Guiné)	130mg/dl
Brasil	240mg/dl
França	240mg/dl
Estados Unidos	240mg/dl
Inglaterra	250mg/dl

VARIAÇÕES POR REGIÕES BRASILEIRAS

Estatísticas Segundo pesquisas realizadas recentemente pela Sociedade Brasileira de Cardiologia (SBC – Funcor), existem diferenças nas taxas de colesterol entre homens e mulheres. Na Região Sul, os homens têm colesterol 26,4% mais alto do que as mulheres. Nas Regiões Norte/Centro-Oeste, as mulheres lideram com 21,4% contra 18,4% dos homens. A idade mais afetada é a de 54 anos, com 28,8%. São níveis elevados e preocupantes, pois indicam causas de alta mortalidade cardiovascular

Variações Nos países com estilo de vida ocidental, a colesterolemia também é elevada entre adolescentes e adultos jovens, embora ainda dentro do normal. O aumento, no entanto, tem sido gradual nos adultos de ambos os sexos, atingindo um patamar nos homens, aos 55 anos, e nas mulheres, aos 65 anos.

Na mulher, a taxa de colesterol permanece mais baixa até a menopausa, o que a protege contra a arteriosclerose e explica por que o infarto antes dos 70 anos é raro entre elas, sendo mais comum entre os homens de 60 anos. Estima-se que as doenças arteriais ocorram nas mulheres dez anos mais tarde do que nos homens. Essa vantagem biológica é resultante também da pressão arterial mais baixa e do tabagismo menos pronunciado entre as mulheres.

VARIAÇÕES SEGUNDO A HEREDITARIEDADE E A ALIMENTAÇÃO

A colesterolemia varia muito dentro de uma mesma população. Nos adultos, em países ocidentais, pode oscilar entre 160 e 320mg/dl, mas algumas pessoas apresentam colesterolemia bem baixa (inferior a 150mg/dl) e outras, taxas bem elevadas (superiores a 320mg/dl). Essas variações ocorrem em razão da hereditariedade e da alimentação.

Colesterolemias baixas são comuns em pessoas desnutridas (indivíduos muito idosos, com câncer etc.), em indivíduos com hipertireoidismo (pois o excesso de hormônios tireoideanos acelera o metabolismo, inclusive o metabolismo dos lipídios), nos vegetarianos e em famílias com predisposição genética.

IMPORTÂNCIA DA ALIMENTAÇÃO

Um estudo realizado na década de 1950 em populações japonesas residentes no Japão, no Havaí e nos Estados Unidos mostrou a importância dos hábitos alimentares na variação das taxas de colesterol no sangue. Na época do estudo, as doenças coronárias (angina do peito e infarto) eram muito raras nas áreas rurais do Japão, mas freqüentes nos japoneses que imigravam para o Havaí e muito mais correntes nos japoneses instalados nos Estados Unidos. Verificou-se que o modo de alimentação era bastante diferente nos três países: pobre em gorduras no Japão (13% dos aportes calóricos), rico em gorduras nos Estados Unidos (40% dos aportes calóricos), enquanto os japoneses residentes no Havaí tinham um consumo intermediário em relação a esses dois extremos. A colesterolemia (taxa de colesterol no sangue) era de:
• 140mg/dl nos japoneses residentes no Japão;
• 220mg/dl naqueles que viviam no Havaí;
• 240mg/dl nos que moravam nos Estados Unidos.
Esse estudo evidenciou que a colesterolemia e, portanto, o risco de evento coronariano (infarto do miocárdio), variam conforme a dieta alimentar, independentemente do fator hereditário.

Hipercolesterolemia

- Taxa anormal de colesterol
- Principais causas da hipercolesterolemia

compreender

Taxa anormal de colesterol

VALORES DA COLESTEROLEMIA

Para o colesterol sanguíneo total, utiliza-se a seguinte escala de valores:
- colesterolemia ideal, quando está entre 150 e 200mg/dl;
- discretamente elevada, quando entre 200 e 250mg/dl;
- nitidamente elevada, quando superior a 250mg/dl.

Essa graduação da colesterolemia serve como indicador de riscos vasculares, cardíacos e cerebrais favorecidos ou causados pela elevação da taxa do colesterol.

LDL-colesterol Na prática, a hipercolesterolemia é mais freqüentemente avaliada a partir da medida do LDL-colesterol (o colesterol "ruim", ver pág. 18) e não pelo colesterol total. A definição da hipercolesterolemia se dá pela confirmação de taxas de LDL-colesterol superiores a 160mg/dl.

FREQÜÊNCIA E IMPORTÂNCIA DA HIPERCOLESTEROLEMIA

Estima-se que mais da metade dos brasileiros em idade adulta apresentem LDL-colesterol superior a 160mg/dl;. A proporção de hipercolesterolemias é mais elevada em pacientes de doenças coronárias (doenças que se relacionam às artérias coronárias, como angina do peito e infarto do miocárdio) do que na população geral. Constata-se, porém, que vários pacientes cardíacos apresentam LDL-colesterol inferior a 160mg/dl, pois a taxa de colesterol não é o único fator de risco para as artérias coronárias. Hipertensão arterial, diabetes, obesidade, tabagismo e hereditariedade também contribuem para a formação de ateroma (depósito lipídico sobre as paredes arteriais).

Fenômeno de seleção

A hipercolesterolemia é mais freqüente nos países ocidentais, e a explicação para isso em parte está relacionada à evolução da espécie humana. Durante centenas de milhares de anos, nossos ancestrais fo-

---

RESULTADOS DO EXAME: DEFINIÇÕES

- **Unidade de medida:** o colesterol sanguíneo pode ser expresso em miligramas por decilitro (mg/dl) ou em unidades internacionais (UI), isto é, em milimoles por litro (mmol/l). Para fazer a conversão entre mg/dl e mmol/l, basta utilizar a seguinte fórmula: Colesterol em mmol/l = colesterol em mg/dl x 2,6/100. Por exemplo: 250mg/dl equivalem a 6,5mmol/l.
- **Colesterolemia** é a taxa de colesterol presente no sangue. Ela também é medida com mais freqüência em mg/dl do que em unidades internacionais (mmol/l). A maioria dos laboratórios de análises clínicas fornece os resultados nos dois sistemas.
- **Hipercolesterolemia** é o aumento anormal da colesterolemia (mais que 250mg/dl ou 6,5mmol/l).
- **Trigliceridemia** é a taxa de triglicérides presentes no soro sanguíneo. Seu valor normalmente oscila entre 50 e 150mg/dl (0,6 a 1,7mmol/l).
- **Hipertrigliceridemia** é a taxa excessiva de triglicérides no soro sanguíneo (mais de 180mg/dl, ou 2,2mmol/l).

ram confrontados com períodos regulares de restrições alimentares e a ocorrência de fome. A seleção natural conservou os indivíduos cujos organismos fabricavam e conservavam o máximo de colesterol. Essa qualidade da síntese e armazenagem de lipídios, que outrora era vantajosa, hoje se tornou inconveniente, um fator de risco para as gerações atuais dos países ocidentais que se alimentam demais e com excesso de alimentos gordurosos.

MANIFESTAÇÕES DE HIPERCOLESTEROLEMIA

Poucos sintomas

A hipercolesterolemia não provoca sintomas, nem fadiga, dor de cabeça ou mal-estar. O único sintoma visível é o surgimento de depósitos de cristais de colesterol sobre a pele ou sobre os tendões (ver pág. 30), especialmente quando a colesterolemia é muito elevada (superior a 300mg/dl).

Importância do diagnóstico

É durante os exames de sangue de rotina, feitos para avaliar a saúde ou acompanhar outro problema – como aumento de peso, hipertensão, diabetes, doença cardíaca, prescrição de contraceptivo hormonal, gravidez etc. – que o médico descobre o excesso de colesterol. É por essa razão que a dosagem de lipídios sanguíneos costuma ser sistematicamente analisada em avaliações gerais de saúde, mesmo em indivíduos aparentemente saudáveis.

Se a hipercolesterolemia não for descoberta, o excesso de colesterol pode causar várias conseqüências à saúde (ver págs. 36-45).

Principais causas da hipercolesterolemia

O aumento anormal das taxas de colesterol no sangue pode ser primário. Nesse caso, não apresenta nenhuma causa precisa, como uma doença ou efeitos secundários de medicamentos, por exemplo. Em outros casos, o aumento costuma ser decorrente de doenças, tratamentos ou de gravidez.

HIPERCOLESTEROLEMIAS PRIMÁRIAS

As formas primárias geralmente têm forte componente hereditário ou genético.

Hipercolesterolemia essencial

É a forma mais freqüente de hipercolesterolemia primária. Pode ser isolada (sem outro sinal anormal) ou associada a uma hipertrigliceridemia (trigliceridemia superior a 200mg/dl). Geralmente apresenta componente de origem familiar e hereditário, mas sem que se possa identificar uma mutação genética precisa. Os pais das pessoas acometidas não são necessariamente hipercolesterolêmicos. Essa forma de hipercolesterolemia é encontrada em pessoas que adotam dietas ricas em gorduras saturadas e modo de vida sedentário, hábito bastante comum nos países ocidentais.

Hipercolesterolemia familiar monogênica

● **Origem.** Essa doença relativamente rara e grave ocorre devido à mutação de apenas um gene (daí o termo "monogênico"). Em geral se trata do gene que define os receptores das LDL (colesterol "ruim"). Esses receptores, situados na membrana das células, permitem a entrada das LDL e de seu conteúdo em colesterol nas células. Sua deficiência provoca um acúmulo significativo de LDL-colesterol no sangue desde o nascimento do paciente.

● **Dois tipos de casos.** No indivíduo homozigoto (cujos genes para a mesma função são idênticos), o gene mutante está presente em cada célula, em dois tipos, não existindo um gene normal para o receptor das LDL. No indivíduo heterozigoto (cujos genes para a mesma função são diferentes), cada célula possui um exemplar do gene mutante e um exemplar do gene normal. A colesterolemia oscila entre 60 e 140mg/dl nos homozigotos e entre 30 e 60mg/dl nos heterozigotos.

● **Hereditariedade.** Essa anomalia se transmite de pai ou de mãe para filho ou filha. Pelo menos um dos pais apresenta hipercolesterolemia.

● **Freqüência.** A hipercolesterolemia familiar ocorre em uma a cada 500 pessoas na forma heterozigótica, e em uma entre mil na forma homozigótica.

● **Manifestações.** A doença se traduz pela presença de depósitos de colesterol pelo corpo (ver pág. 30):
• Sobre a córnea, na periferia da íris: os depósitos tem a forma de um anel branco chamado arco córneo, observável desde os 10 ou 15 anos. Porém, este pode ocorrer em pessoas com mais de 75 anos sem que indique presença de hipercolesterolemia;

Hipercolesterolemia

Homozigoto é o indivíduo cujos genes de mesma função são idênticos. Em contrapartida, no heterozigoto, os genes de mesma função são diferentes.

- Sobre as pálpebras, com depósitos amarelados em relevo chamados xantelasma;
- Sobre os tendões dos dedos ou sobre o tendão de Aquiles, com tipos de nódulos chamados xantoma;
- Sobre todas as artérias, especialmente as coronárias: os depósitos são responsáveis por anginas de peito e infartos, e também por acidentes vasculares cerebrais ou arterites (lesões de artérias).

Na ausência de tratamento e nas formas homozigóticas, os depósitos aparecem desde infância e podem levar o paciente à morte por infarto, que costuma ocorrer por volta dos 20 anos de idade. Nas formas heterozigóticas da doença e na ausência de tratamento, mais da metade dos doentes apresenta algum problema coronário entre os 30 e 60 anos.

● **Tratamento.** A purificação sanguínea (chamada aférese de LDL) é indicada nas formas homozigóticas e em alguns casos heterozigóticos (ver pág. 87).

Diagnóstico

Um exame minucioso do ângulo interno do olho direito da *Mona Lisa*, famoso quadro de Leonardo da Vinci, revela uma pequena tumefação da pele, provavelmente devida a um depósito de colesterol, chamado xantelasma. Tudo indica que Mona Lisa era acometida por colesterolemia familiar.

XANTOMAS LIGADOS À HIPERLIPIDEMIA

Xantomas são pequenos tumores benignos geralmente alaranjados, às vezes vermelhos ou marrons, formados por células ricas em depósitos lipídicos. Ao constatar xantomas, o médico pede exames de dosagem de lipídios no sangue e pesquisa eventuais disseminações hiperlipidémicas de xantomas (xantomatose hiperlipidémica). Apenas os xantomas esteticamente desagradáveis podem ser retirados através de eletrocoagulação ou cirurgia.

Xantoma eruptivo
É o nódulo saliente, de 1 a 4mm de diâmetro, cercado por um halo vermelho. Ele aparece nas nádegas, abdome ou costas, quando a taxa de triglicérides está acima do normal. Xantomas podem provocar dores abdominais ou lesões pancreáticas.

Xantoma plano
É uma mancha amarela ou amarelo-laranja, de tamanho variado. Existem vários tipos:
• Xantoma plano das pálpebras ou xantelasma: pequenas manchas amareladas, ligeiramente salientes, que surgem no ângulo interno da pálpebra superior, perto do nariz. Esse xantoma pode estar associado à hipercolesterolemia nos indivíduos jovens ou a distúrbios do metabolismo dos lipídios em pessoas com mais de 50 anos;
• Arco córneo ou gerontoxon (arco senil): mancha cinzenta ou amarelada que se forma em volta da íris;
• Xantoma estriado palmar: a mancha amarelada e linear fica na parte côncava da dobra das mãos;
• Xantoma plano difuso: mais raro, traduz-se pelo surgimento de uma mancha amarelada sobre o rosto, pescoço ou tórax.

Xantoma tendinoso
É uma tumefação subcutânea rígida, aderente aos tendões e móvel sob a pele. O xantoma tendinoso atinge, sobretudo, os tendões extensores dos dedos, punhos e o tendão de Aquiles.

Xantoma tuberoso
É um grande nódulo amarelado ou avermelhado que surge nos cotovelos, joelhos, nádegas e palma das mãos.

HIPERCOLESTEROLEMIAS SECUNDÁRIAS

Hipercolesterolemias são decorrentes de outras doenças ou são efeitos secundários de tratamentos.

Doenças

- **Hipotireoidismo.** Trata-se de um déficit em hormônios tireóideos, geralmente devido a uma destruição progressiva da tireóide por anticorpos (tireoidite). Também pode ser decorrente de tratamentos com amiodarona, um regulador do ritmo cardíaco que contém iodo. A doença se traduz por aumento de peso e outros sintomas como espessamento da pele do rosto e do pescoço, constipação, intolerância ao frio e colesterolemia elevada, na ordem de 300mg/dl.
- **Diabetes** (taxa de glicose elevada no sangue). É geralmente acompanhada por aumento expressivo de triglicérides e por hipercolesterolemia moderada. Complicações cardiovasculares em maior número ocorrem em pacientes que apresentam simultaneamente diabetes do tipo 2 e anomalias sanguíneas (triglicérides e colesterol). Em caso de diabetes, os sintomas de angina do peito às vezes são atípicos ou ausentes, o que exige consultas regulares aos médicos.
- **Insuficiência renal grave** (incapacidade dos rins de filtrar o sangue). Está relacionada à elevação moderada da colesterolemia.
- **Síndrome nefrótica** (incapacidade dos rins em conservar a albumina no sangue). Relativamente rara, essa síndrome se manifesta pelo surgimento de edemas generalizados e pela perda de proteínas

através da urina, provocada por doença nos rins. O LDL-colesterol geralmente é elevado nesses casos.

Tratamentos envolvidos Betabloqueadores (atenolol, acebutalol etc.) prescritos contra a hipertensão arterial ou doenças coronárias costumam provocar aumento moderado da colesterolemia.

SÍNDROME METABÓLICA

Anteriormente chamada de síndrome X, a síndrome metabólica é caracterizada pela associação dos seguintes elementos:
- excesso de peso ou obesidade abdominal (cintura superior a 102cm no homem e 88cm na mulher);
- hipertensão arterial;
- glicemia (taxa de açúcar no sangue) superior a 99mg/dl em jejum:
- aumento da taxa de triglicérides (superior a 150mg/dl);
- HDL-colesterol baixo (inferior a 40mg/dl).

A gordura abdominal torna as células resistentes à insulina, que é secretada em quantidade suficiente pelo pâncreas, mas não consegue estimular a utilização da glicose pelos tecidos, especialmente os dos músculos. Em conseqüência, a glicose se acumula no sangue. Nas pessoas com síndrome metabólica, o risco de angina do peito, infarto e acidente vascular cerebral é bastante acentuado.
Tratamentos se baseiam em exercícios físicos e diminuição de peso.
Se essas medidas não forem bem-sucedidas, são prescritos medicamentos para baixar a pressão arterial e normalizar as taxas de gordura no sangue (fibratos que aumentam o HDL-colesterol e diminuem os triglicérides; e estatinas, se o LDL-colesterol estiver alto (ver págs. 82-87).

Alguns tratamentos contra acne (isotretinoína, por exemplo), medicamentos antivirais utilizados para combater infecção por HIV (soropositividade ou Aids), assim como pílulas anticoncepcionais que contêm estrógenos e esteróides anabolizantes, podem provocar hipertrigliceridemia e hipercolesterolemia severa.

FORMAS ESPECIAIS DE HIPERCOLESTEROLEMIA

Hipercolesterolemia infantil

A hipercolesterolemia é rara em crianças. Ocorre com mais freqüência em famílias em que vários membros apresentam a anomalia. A descoberta da doença pode ocorrer se o médico constatar a presença de depósitos lipídicos (ver pág. 30) sobre a pele ou tendões ou por meio de exames laboratoriais.

O tratamento se baseia principalmente na prescrição de colestiramina, uma resina que reduz os níveis de colesterol ou, ainda, filtragens sanguíneas (ver pág. 87) em casos graves.

Hipercolesterolemia da gravidez

A gravidez induz a uma hipercolesterolemia moderada, que raramente necessita de tratamento. Tratamentos com estatinas ou fibratos são desaconselhados. A prescrição de colestiramina é recomendável em caso de hipercolesterolemia severa.

PREVENIR É A MELHOR OPÇÃO

Excessos de colesterol podem desaparecer em alguns casos, especialmente se estiverem relacionados a outro desequilíbrio (diabetes ou hipotireoidismo, por exemplo). A hipercolesterolemia primária tende a persistir, mas pode ser reduzida com dietas alimentares adequadas.
A hipercolesterolemia e sua principal complicação, a arteriosclerose, não são mais fatais. A adoção de estilos de vida saudável desde a infância permite preveni-la na maioria das vezes.
Na falta de prevenção, existem várias soluções terapêuticas que permitem combatê-la com eficácia. Contudo, a prevenção – com a adoção de estilo de vida saudável – é sem dúvida a melhor opção.

Conseqüências da hipercolesterolemia

- Principal risco: arteriosclerose
- Riscos de complicação cardiovascular

Principal risco: arteriosclerose

As complicações arteriais da hipercolesterolemia são os maiores riscos que ela provoca, especialmente no coração, mas também na aorta, artérias renais, artérias dos membros inferiores e artérias cerebrais (carótidas e outras). Essas complicações podem ser agrupadas sob o termo arteriosclerose.

O QUE É ARTERIOSCLEROSE

A arteriosclerose é uma doença que atinge as paredes das artérias e se caracteriza por:
• formação de placas compostas de colesterol e lipídios complexos sobre a superfície interna das paredes arteriais. O tamanho das placas varia de menos de 1mm a vários centímetros. Quando examinadas ao microscópio, observa-se que as placas são compostas por uma camada fibrosa e um centro gorduroso rico em colesterol;
• fibrose, isto é, substituição das fibras flexíveis (colágeno, elastina, fibras musculares etc.) por fibras rígidas, nos tecidos do organismo. Na arteriosclerose, as fibras elásticas da parede arterial, lesionadas por depósitos de colesterol ou pela hipertensão, são substituídas por fibras cicatriciais rígidas;
• calcificações, isto é, depósitos de cálcio sobre as placas de colesterol.

Placa de ateroma

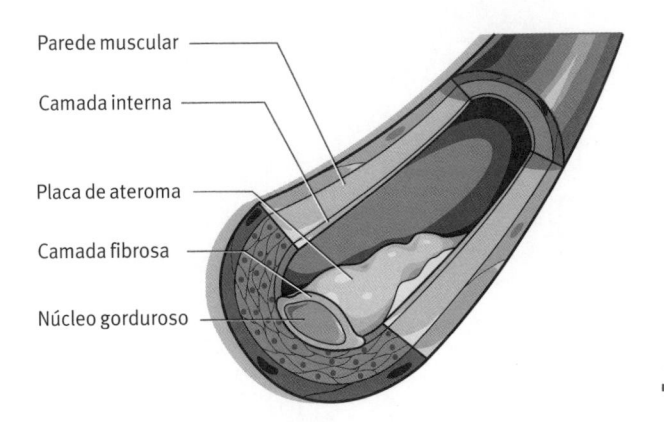

Parede muscular
Camada interna
Placa de ateroma
Camada fibrosa
Núcleo gorduroso

CONSEQÜÊNCIAS DO COLESTEROL

Não existe arteriosclerose sem colesterol. A partir do fígado, o colesterol é transportado até as paredes arteriais pelas LDL. Sob o efeito de diversos agressores (tabagismo, especialmente), as LDL se oxidam e tornam-se tóxicas. São então incorporadas pelas células musculares lisas das paredes arteriais, assim como pelos macrófagos (glóbulos brancos encarregados da limpeza das impurezas) também presentes nas paredes arteriais. Essas células possuem um receptor que reconhece as LDL oxidadas, o que explica por que ocorre o acoplamento e assim se encarregam do transporte das gorduras. Outros fatores contribuem na formação da arteriosclerose: hipertensão arterial, tabagismo, diabetes e obesidade. A associação de dois ou mais fatores aumenta a probabilidade de ocorrência da doença.

Artérias e vasos
A arteriosclerose atinge principalmente as artérias coronárias, as artérias cerebrais (como as caróticas), as artérias dos membros inferiores e as artérias renais.

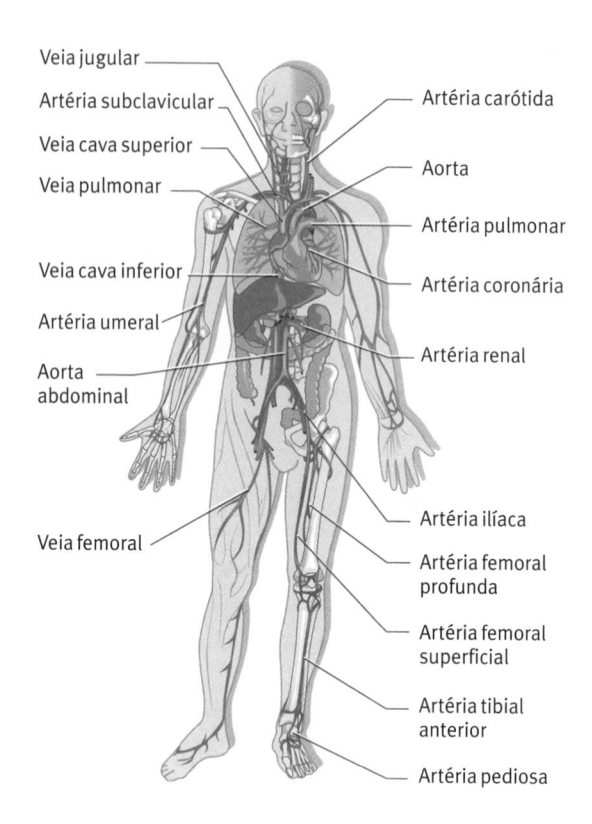

Veia jugular
Artéria subclavicular
Veia cava superior
Veia pulmonar
Veia cava inferior
Artéria umeral
Aorta abdominal
Veia femoral

Artéria carótida
Aorta
Artéria pulmonar
Artéria coronária
Artéria renal
Artéria ilíaca
Artéria femoral profunda
Artéria femoral superficial
Artéria tibial anterior
Artéria pediosa

CONSEQÜÊNCIAS DA ARTERIOSCLEROSE

As placas de arteriosclerose podem reduzir o diâmetro das artérias e provocar déficits de irrigação sanguínea nos órgãos. Isso resulta em um distúrbio chamado isquemia, que corresponde à diminuição ou suspensão da circulação arterial em uma região mais ou menos extensa de um órgão ou tecido.

A placa também pode fragilizar a parede arterial, ulcerar e se romper dentro da artéria. Ela provoca

❸ Conseqüências da hipercolesterolemia

DOENÇAS CAUSADAS PELA ARTERIOSCLEROSE

ARTÉRIAS ATINGIDAS	DOENÇAS	SINTOMAS
Artérias coronárias do coração	Angina do peito, que pode evoluir para infarto do miocárdio, até morte súbita por parada cardíaca.	Angina do peito: dor torácica (na região do coração, ou atrás do esterno) por vários segundos, irradiando pelo braço direito em direção aos maxilares, em geral desencadeada por um esforço.
Artérias dos membros inferiores	Arterite (ou arteriopatia obliterante) dos membros inferiores, que pode evoluir para obliteração arterial aguda devido a um coágulo.	O principal sintoma é a câimbra dolorosa da coxa ou da panturrilha, durante a caminhada (claudicação). As formas graves de arterite podem evoluir para gangrena, com risco de amputação.
Artérias renais	O entupimento de uma artéria renal pode provocar hipertensão arterial grave.	Dor de cabeça.
Artérias cerebrais	Carótida estenosada pode provocar infarto cerebral (ou um acidente vascular cerebral), com hemiplegia (paralisia parcial ou total da metade lateral do corpo) mais ou menos definitiva ou coma irreversível.	Paralisia de uma das mãos, da metade do corpo, dos músculos do rosto com torção da boca, distúrbios da fala, anomalias sensitivas, véu escuro diante de um olho etc. Esses sintomas podem ser temporários ou definitivos.

compreender

então a formação de um coágulo que obstrui a artéria. Nesse caso, não há fluxo sanguíneo que irrigue o tecido, podendo causar a necrose: é o infarto do miocárdio (ver págs. 40-41).

Conforme a localização da artéria atingida, diferentes doenças podem ocorrer a curto ou longo prazo (ver tabela na página anterior). Algumas são graves e muitas vezes fatais, como o infarto do miocárdio, outras se agravam progressivamente.

PRINCIPAL COMPLICAÇÃO: INFARTO DO MIOCÁRDIO

Quando uma artéria coronária comprometida fica obstruída em decorrência da ruptura da placa de ateroma e trombose (formação de um coágulo sanguíneo), a irrigação do coração é alterada. Privadas de sangue e de oxigênio, as células do miocárdio morrem, liberando enzimas cardíacas. Essa necrose, que pode ser de uma parte relativamente importante do coração é chamada de infarto do miocárdio.

Sintomas do infarto

A crise se manifesta por meio de dor violenta da mesma natureza da dor da angina, embora muito mais intensa e prolongada (leva de 30 minutos a várias horas). A dor se irradia pelos braços, maxilares e costas. Em alguns casos, relaciona-se à pressão arterial alta seguida de pressão baixa persistente. Entre 24 e 36 horas, pode ocorrer febre de intensidade média, que diminui progressivamente com o transcorrer dos dias. Alguns infartos são assintomáticos ou ditos silenciosos: são apenas detectados acidentalmente, através de eletrocardiograma.

Tratamento para o infarto

O paciente deve ser imediatamente hospitalizado e posto sob observação. Os medicamentos servem para dissolver eventuais coágulos (trombose), diminuir a necessidade de oxigênio do músculo cardíaco e prevenir reincidência devido à formação de novos coágulos (anticoagulantes deverão ser administrados).

Intervenções para desobstruir uma artéria (angioplastia por catéter transcutâneo) podem ser realizadas. O cirurgião desentope a artéria coronária obstruída com um catéter bem fino e, se necessário, dilata a zona estenosada insuflando um balão. Depois, o médico em geral implanta um *stent*, isto é, uma estrutura metálica que impede que a artéria se feche novamente. Em alguns casos, é preciso colocar uma ponte de safena: a zona afetada é então contornada por um vaso enxertado, retirado de outra parte do corpo.

Colesterol e infarto no mundo
Estudo realizado em seis países confirma que o risco de morte por doenças coronárias (infarto, principalmente) é mais provável quando a colesterolemia está elevada.

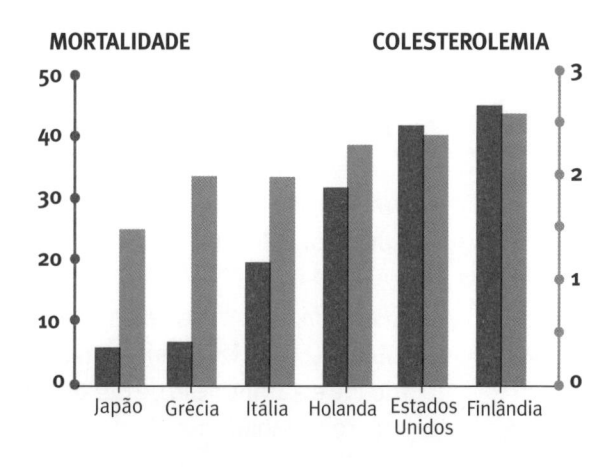

Riscos de complicação cardiovascular

É preciso anos de hipercolesterolemia antes que o acúmulo de colesterol das artérias coronárias se manifeste. É por isso que, na maioria das vezes, os eventos cardiovasculares ocorrem bem depois dos 30 anos de idade. Porém, quando a hipercolesterolemia é precoce, severa, ou não tratada ou ainda tratada tardiamente (depois do aparecimento das principais complicações), os problemas podem ocorrer precocemente, antes mesmo dos 20 anos de idade.

PREVENÇÃO VIA ALIMENTAÇÃO E ATIVIDADES FÍSICAS

Muitos alimentos têm papel protetor, especialmente os óleos de peixe, as fibras vegetais e o suco de uva (flavonóides). A atividade física regular também contribui para diminuir os riscos de eventos cardio-vasculares. O consumo de álcool, de vinho em particular, em quantidade moderada (de uma a três taças por dia, no máximo), também tem efeito protetor e diminui o risco de infarto do miocárdio.

Fatores de risco Para uma mesma colesterolemia, os riscos de acidente coronariano variam muito segundo o sexo, a idade e a associação de outros fatores, como hipertensão e tabagismo.

Por exemplo: uma pessoa com colesterolemia de 300mg/dl apresenta risco de evento coronariano em 10 anos, nas seguintes proporções:
- 1%, para mulheres de 60 anos sem outros fatores de risco associados;
- 4%, para homens de 60 anos sem outros fatores de risco associados;
- 8%, para homens de 60 anos fumantes;
- 19% para homens de 60 anos fumantes e com hipertensão arterial moderada (160mmHg da coluna de mercúrio para a pressão máxima, ou sistólica).

HIPERTENSÃO ARTERIAL

A pressão que resulta da contração regular do coração impulsiona o sangue para todas as artérias do corpo e resulta em uma medida de pressão. Denomina-se hipertensão arterial (HAS), quando a pressão está elevada: ultrapassa 140mmHg de pressão sistólica (ou pressão máxima) e 85mmHg para a pressão mínima (ou diastólica). Complicações de hipertensão arterial podem ser semelhantes às do excesso de colesterol, tal como insuficiência cardíaca e acidente vascular cerebral, daí o aumento dos riscos em pessoas que apresentam as duas anomalias.

Não existe hipertensão quando a pressão mínima é inferior a 85mmHg. A hipertensão puramente sistólica (máxima) é de fundo emocional ou relacionada ao estresse. Além disso, os limiares da hipertensão podem se elevar com o aumento da idade.

Colesterol

AVALIAR A CADA DEZ ANOS OS RISCOS DE ACIDENTE CARDÍACO

Tabela de cálculo de risco de acidente cardiovascular

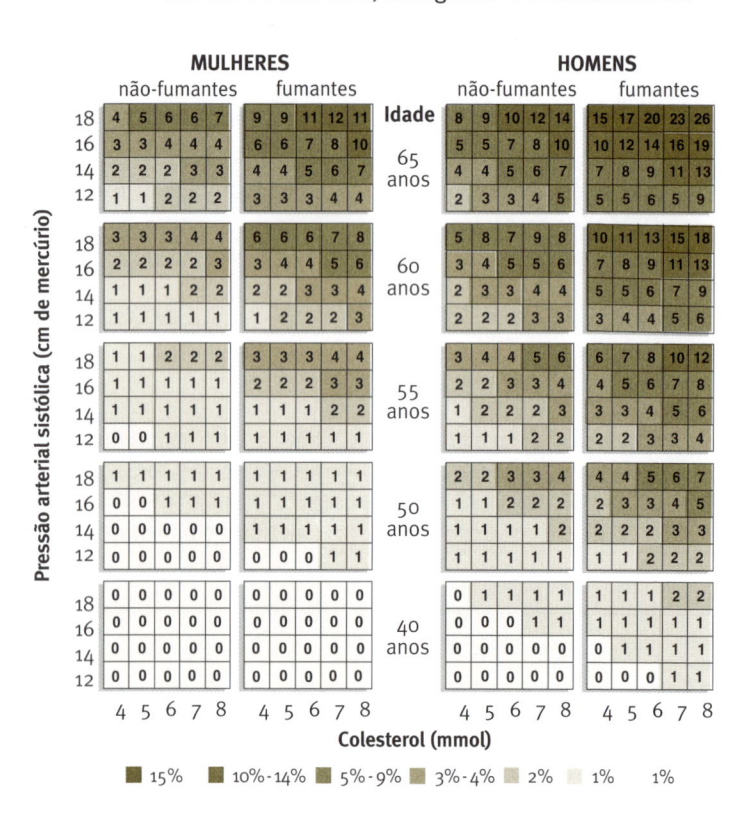

Tabelas ou cálculos de eventos cardíacos permitem estimar o risco vascular a cada dez anos. Vários critérios são considerados, alguns não podem ser modificados, como idade, sexo e antecedentes familiares (infarto ou acidente vascular cerebral em parente próximo com menos de 60 anos, por exemplo). Outros podem ser modificados, como pressão arterial, presença ou não de diabetes, tabagismo e colesterolemia.

	MULHERES		HOMENS	
Idade	não-fumantes	fumantes	não-fumantes	fumantes
65 anos	4 5 6 6 7 / 3 3 4 4 4 / 2 2 2 3 3 / 1 1 2 2 2	9 9 11 12 11 / 6 6 7 8 10 / 4 4 5 6 7 / 3 3 3 4 4	8 9 10 12 14 / 5 5 7 8 10 / 4 4 5 6 7 / 2 3 3 4 5	15 17 20 23 26 / 10 12 14 16 19 / 7 8 9 11 13 / 5 5 6 5 9
60 anos	3 3 3 4 4 / 2 2 2 2 3 / 1 1 1 2 2 / 1 1 1 1 1	6 6 6 7 8 / 3 4 4 5 6 / 2 2 3 3 4 / 1 2 2 2 3	5 8 7 9 8 / 3 4 5 5 6 / 2 3 3 4 4 / 2 2 3 3 3	10 11 13 15 18 / 7 8 9 11 13 / 5 5 6 7 9 / 3 4 4 5 6
55 anos	1 1 2 2 2 / 1 1 1 1 1 / 1 1 1 1 1 / 0 0 1 1 1	3 3 3 4 4 / 2 2 2 3 3 / 1 1 1 2 2 / 1 1 1 2 2	3 4 4 5 6 / 2 2 3 3 4 / 1 2 2 2 3 / 1 1 2 2 2	6 7 8 10 12 / 4 5 6 7 8 / 3 3 4 5 6 / 2 2 3 3 4
50 anos	1 1 1 1 1 / 0 0 1 1 1 / 0 0 0 0 0 / 0 0 0 0 0	1 1 1 1 1 / 1 1 1 1 1 / 1 1 1 1 1 / 0 0 0 1 1	2 2 3 3 4 / 1 1 2 2 2 / 1 1 1 1 2 / 1 1 1 1 1	4 4 5 6 7 / 2 3 3 4 5 / 2 2 2 3 3 / 1 1 2 2 2
40 anos	0 0 0 0 0 / 0 0 0 0 0 / 0 0 0 0 0 / 0 0 0 0 0	0 0 0 0 0 / 0 0 0 0 0 / 0 0 0 0 0 / 0 0 0 0 0	0 1 1 1 1 / 0 0 0 1 1 / 0 0 0 0 0 / 0 0 0 0 0	1 1 1 2 2 / 1 1 1 1 1 / 0 1 1 1 1 / 0 0 0 1 1

Pressão arterial sistólica (cm de mercúrio): 18 / 16 / 14 / 12
Colesterol (mmol): 4 5 6 7 8

■ 15% ■ 10%-14% ■ 5%-9% ■ 3%-4% ■ 2% ■ 1% 1%

O QUE É UM ANTIOXIDANTE

Antioxidante é uma substância natural ou artificial destinada a retardar a degradação dos tecidos provocada pelos efeitos da oxidação. Várias reações químicas e energéticas da matéria viva se baseiam na instabilidade dos átomos aos quais falta um elétron: são os radicais livres. Estes últimos surgem tanto durante a digestão enzimática dos alimentos quanto sob o efeito de fenômenos exteriores (raios ultravioleta, tabagismo etc.).
Eles captam os elétrons das primeiras moléculas que encontram, provocando um processo de oxidação tóxico para as células. As LDL oxidadas, por exemplo, agridem a parede das artérias. Em um meio rico em ácidos graxos, a formação de radicais livres se automantém e não pode cessar, a não ser na ausência da matéria-prima ou na presença de antioxidantes. Os principais antioxidantes agem de duas maneiras:
• estabilizando os radicais livres, o que rompe com a reação em cadeia. Agem dessa maneira os carotenóides (moléculas da família da vitamina A), flavonóides (mais de quatro mil substâncias), polifenóis, vitamina E, coenzima Q10, mas também sustâncias produzidas pelo metabolismo (ácido úrico e bilirrubina);
• destruindo as substâncias tóxicas oxidadas pelos radicais livres. Diversas enzimas, como o superóxido dismutase (SOD), muito utilizadas em cosméticos, agem por meio desse mecanismo.
Elas atuam na presença de oligoelementos como selênio, zinco, cobre ou magnésio.
A maioria dos antioxidantes alimentares ou sintéticos pertence ao primeiro grupo: os estabilizadores de radicais livres.

agir

4. Exames
5. Bons hábitos alimentares
6. Qualidade de vida
7. Tratamento

4

Exames

- Como diagnosticar a hipercolesterolemia
- Exames em caso de hipercolesterolemia

Como diagnosticar a hipercolesterolemia

Conforme o caso, o médico decide prescrever um exame de colesterol total apenas ou um exame lipídico completo (colesterol total e frações). Geralmente, a dosagem do colesterol total é suficiente, é um bom parâmetro: se o resultado for baixo, o exame lipídico não é necessário. Exames de sangue podem ser feitos em laboratórios de análises clínicas.

MENSURAÇÃO DAS GORDURAS NO SANGUE

Mais preciso e completo, o exame lipídico consiste em medir as gorduras mais importantes do sangue:
- colesterol total;
- frações HDL e LDL do colesterol;
- triglicérides.

A quantificação das quilomícrons (moléculas de lipídios provenientes da digestão intestinal) é necessária em caso de doenças digestivas ou quando o sangue apresenta aspecto lipêmico, ou seja, de aspecto leitoso não-explicado pelos triglicérides ou colesterol. Apoproteínas A (fração protéica do HDL-colesterol) e apoproteínas B (fração protéica do LDL-colesterol) às vezes são medidas simultaneamente.

Condições para realizar o exame

O exame lipídico deve ser realizado em jejum pela manhã, pois os triglicérides aumentam muito depois de 24 horas das refeições. O colesterol, por sua vez, mantém-se estável durante o dia. Vários fatores alteram os níveis de colesterol e triglicérides. A dieta influencia muito a colesterolemia e a trigliceridemia, por isso é desaconselhável fazer esses exames depois de episódios de doença aguda (gripe, diarréia etc.) ou depois de modificações transitórias da dieta alimentar (festas de final de ano, por exemplo).

Quando o exame é realizado durante hospitalização, é preciso considerar que os triglicérides tendem a se reduzir a partir do segundo dia de internação, devido à diminuição ou mudança na alimentação. Assim, os exames feitos no hospital podem subestimar a colesterolemia em relação às condições de vida normais.

Confiabilidade

Um mesmo exame de sangue pode apresentar dosagens diferentes de colesterol, mas essas não ultrapassam 6mg/dl em um mesmo laboratório ou 14mg/dl ao se considerar laboratórios diferentes. Além disso, resultados anormais, muito baixos ou elevados, são sempre verificados em uma segunda coleta ou repetidos na mesma mostra. Isso dificulta os riscos de resultados anormais serem informados por falhas dos laboratórios.

Em caso de dúvida, porém, um segundo exame deve ser feito dias depois. A dosagem de triglicérides também pode ser falseada se a pessoa não estiver em jejum no momento de colher sangue.

Colesterol

Um exemplo Nos resultados dos exames, ao lado das dosagens do paciente em questão, são fornecidos os valores normais de referência. Com esses exames é possível constatar excessos de colesterol (especialmente do colesterol "ruim", o LDL-colesterol), excessos de triglicérides e glicemia muito elevada. Diante desses resultados, o médico diagnostica hiperlipidemia mista (colesterol/triglicérides) e diabetes (glicemia elevada).

EXEMPLO DE EXAME DE SANGUE ANORMAL	
RESULTADOS DO PACIENTE	VALORES NORMAIS
Colesterol = 270mg/dl	Menos de 200mg/dl
Triglicérides = 240mg/dl	Menos de 200mg/dl
HDL-colesterol = 35mg/dl	Mais de 40mg/dl
LDL-colesterol = 170mg/dl	Menos de 130mg/dl
Glicemia = 134mg/dl	De 70 a 99mg/dl

QUANDO FAZER O EXAME

Exame inicial O primeiro exame (medição de colesterol e triglicérides) deve ser feito:
• no bebê, ao nascer, em caso de hipercolesterolemia familiar severa;
• na criança, entre 3 e 10 anos, se um dos pais ou os dois sofrerem de doenças cardiovasculares precoces relacionadas ao excesso de colesterol;
• entre os 20 e 30 anos, na maioria dos indivíduos.

Se o exame inicial for normal	Nesse caso, colesterol total e triglicérides são ambos inferiores a 200mg/dl. O ritmo posterior de controle das gorduras no sangue dependerá de vários critérios e deverá ser feito da seguinte forma: • uma vez por ano, pelos diabéticos; • a cada dois anos, pelas pessoas que apresentam alguma doença vascular (angina do peito, infarto do miocárdio, arteriopatia dos membros inferiores, estenose de carótidas etc.); • a cada três anos, se existirem fatores de risco vascular: idade (mais de 50 anos), tabagismo, hipertensão e obesidade; • na ausência de fatores de risco vascular, aos 45 anos (homem) e aos 55 (mulheres), e, posteriormente, a cada três anos para ambos os sexos; • de três a seis meses depois do início de algum tratamento, como o uso de pílulas estrogênio-progestativas. Colesterol total, triglicérides e glicemia em jejum devem ser medidos. Em caso de obesidade e se parentes próximos apresentarem hipercolesterolemia ou hipertrigliceridemia, o exame deve ser refeito a cada cinco anos.

Se o exame inicial for anormal	A anomalia deve ser confirmada por um novo exame lipídico completo (colesterol total, triglicérides, frações de HDL e LDL do colesterol).
	    Se o novo exame for normal, o procedimento deve ser o mesmo indicado anteriormente.
	    Se for anormal, o médico deve prescrever dieta alimentar, encorajar o paciente a praticar atividades físicas e receitar, se necessário, medicamentos hipocolesterolemiantes (que fazem o colesterol baixar).

Exames em caso de hipercolesterolemia

O efeito desses procedimentos deve ser avaliado por novo exame (de HDL e LDL) ao final de três meses. Quando o médico descobre excessos de colesterol, investiga as possíveis causas, a presença de distúrbios ou de doenças associadas aos primeiros sintomas das prováveis complicações.

EXAME CLÍNICO

Anamnese e auscultação permitem detectar algumas complicações da hipercolesterolemia. Se o paciente sente dores no peito ou nas pernas ao andar, o médico pode suspeitar de angina do peito ou arterite dos membros inferiores. O exame do pulso ao nível dos pés permite verificar o estado das artérias das pernas – se o pulso for perceptível, é porque as artérias dos membros inferiores estão provavelmente em bom estado.

O médico também ausculta as artérias femorais na região inguinal, ou seja, nas virilhas – se ouve um "sopro", é porque as artérias certamente estão sujas por depósitos de gordura, o que as faz assobiar. Ele também ausculta os vasos do pescoço (carótidas) e a aorta abdominal.

EXAMES LABORATORIAIS

O médico prescreve sistematicamente alguns exames laboratoriais.
- **Glicemia em jejum.** É considerada normal se for inferior a 99mg/dl. Ela permite identificar um eventual diabetes, que é definido por glicemia superior a 126mg/dl em dois exames consecutivos de sangue.
- **Dosagem sanguínea da TSH** (tireoestimulina). Esse hormônio da hipófise estimula a tireóide. Os valores normais estão entre 0,27 e 4,20 microunidades por milímetro. A TSH aumenta muito em caso de hipertireoidismo (diminuição da secreção dos hormônios tireórdeos).
- **Taxa sanguínea de creatinina.** Essa substância plasmática provém da quebra da creatina, constituinte do tecido muscular. Ela é completamente filtrada pelos rins e sua taxa sanguínea é um bom indicador da função renal. O resultado deve ser inferior a 120µmol/l, elevando-se em caso de insuficiência renal.
- **Presença de albumina na urina** (albuminúria). Ocorre em caso de hipertensão ou diabetes associado, como na presença de edemas dos membros inferiores, que detectam possíveis problemas renais.

Outros exames laboratoriais são solicitados de acordo com o contexto e a situação do paciente, como a dosagem de enzimas do fígado (fosfatases alcalinas, gama-GT), neste caso se o médico suspeitar de retenção biliar (colestase).

EXAMES CARDIO VASCULARES

Eletrocardiograma O eletrocardiograma (ECG) registra a atividade elétrica do coração. É realizado com a ajuda de eletrodos aplicados sobre os pulsos, tornozelos e tórax. O resultado, materializado por um traçado sobre o papel, permite detectar certas complicações cardíacas da hipercolesterolemia: doença coronária, dilatação das câmaras cardíacas, seqüelas de infarto que passaram despercebidas.

Em caso de dúvida ou em função de outros fatores de risco (hipertensão, diabetes, obesidade, tabagismo, síndrome metabólica etc.), o cardiologista pode achar necessário realizar eletrocardiograma de esforço (ou teste ergométrico), para verificar anomalias não-perceptíveis em estado de repouso.

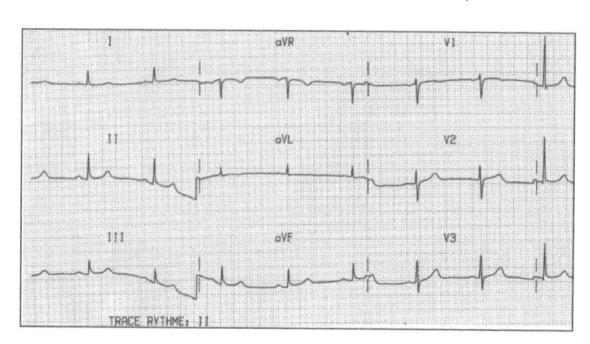

Eletrocardiograma

TESTE DE ESFORÇO (TESTE ERGOMÉTRICO)

No eletrocardiograma de esforço, a eletrocardiografia é feita enquanto o paciente realiza esforços físicos. O objetivo é identificar eventuais distúrbios cardíacos ausentes no estado de repouso, mas que podem ameaçar a vida do paciente em uma situação de esforço. O cardiologista começa realizando uma eletrocardiografia em repouso. Depois, com os eletrodos mantidos no lugar, o paciente é solicitado a se exercitar sobre uma bicicleta ou esteira ergométrica. Freqüência cardíaca, pressão arterial e eletrocardiograma são registrados durante o período de esforço de força progressiva (em diferentes níveis medidos em watts), e também durante a fase de recuperação (cerca de seis minutos).

Sempre que possível, o teste é realizado até o máximo de esforço tolerado pelo paciente e deve ser interrompido só em caso de anomalia na freqüência cardíaca, tensão arterial ou eletrocardiograma.

O exame não necessita de hospitalização, mas deve ser feito dentro de uma infra-estrutura médica compatível, dotada de equipamento de reanimação, por exemplo, e por médicos especializados.

Cintilografia do miocárdio e ecografia

Quando o eletrocardiograma revela anomalia em estado de repouso ou de esforço, outros exames são solicitados: cintilografia cardíaca ou coronariografia (cateterismo cardíaco), ambas realizadas em clínicas especializadas. O objetivo é descobrir a origem e a natureza de possíveis lesões do miocárdio.

● **Cintilografia miocárdica.** Essa técnica de imagem médica baseia-se na detecção das radiações emitidas por uma substância radioativa, que é introduzida no organismo e possui afinidade particular com certo tipo de órgão ou tecido. Para a cintilografia miocárdica, a substância injetada (em uma das veias do braço) geralmente é o tálio. Realizado, na maioria das vezes, depois de teste de esforço (ver pág. 55), esse exame explora as paredes do músculo cardíaco e evidencia a falta de circulação sanguínea em certas áreas do coração, em caso de angina do peito ou de infarto do miocárdio.

● **Coronariografia.** Esse exame radiográfico permite visualizar as artérias coronárias que irrigam o coração. Depois de uma anestesia local, a artéria femoral é puncionada na altura da virilha, para permitir a introdução de uma pequena sonda que sobe pela aorta até o coração.

Através dela, injeta-se no organismo do paciente um produto de contraste iodado. O interior das artérias coronárias fica assim bem visível e a menor lesão causada pela presença de placas de ateroma se torna perceptível. A intervenção dura cerca de 20 minutos, mas necessita de hospitalização por um ou dois dias.

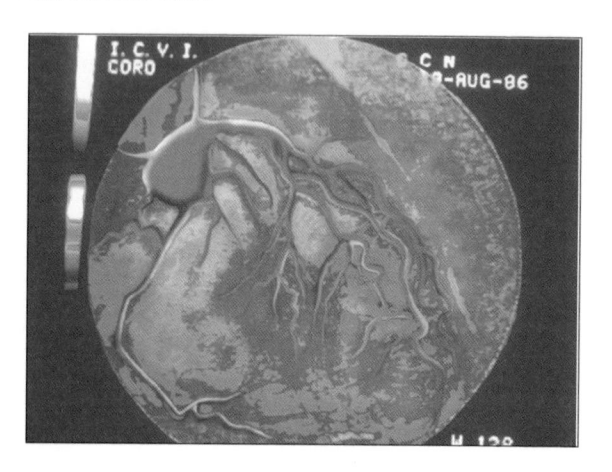

Coronariografia
Esse exame permite visualizar as artérias coronárias que irrigam o coração e detectar a presença de placas de ateroma.

Ecografia e ecocardiograma modo Doppler

Ecocardiograma modo Doppler é o exame ideal para controlar a anatomia e o funcionamento do coração ou dos grandes vasos sanguíneos ameaçados por placas de ateroma. Com ele, o médico pode observar simultaneamente a imagem dos tecidos através dos ultra-sons (ecografia) e a imagem do fluxo sanguíneo medido na mesma área, através da técnica de Doppler.

● **Ecocardiograma modo Doppler cardíaco.** Mostra o músculo e as válvulas do coração com precisão, mas não as artérias coronárias. Serve para reconhecer uma hipertrofia do músculo cardíaco, insuficiência cardíaca ou possíveis anomalias das válvulas cardíacas. É indicado principalmente para casos de falta de ar em repouso ou ao mínimo esforço, sopro cardíaco durante a auscultação ou anomalia revelada pelo eletrocardiograma.

● **Ultra-som modo Doppler dos vasos do pescoço.** O ultra-som é deslizado na parte anterior do pescoço, de maneira a permitir visualizar as artérias carótidas

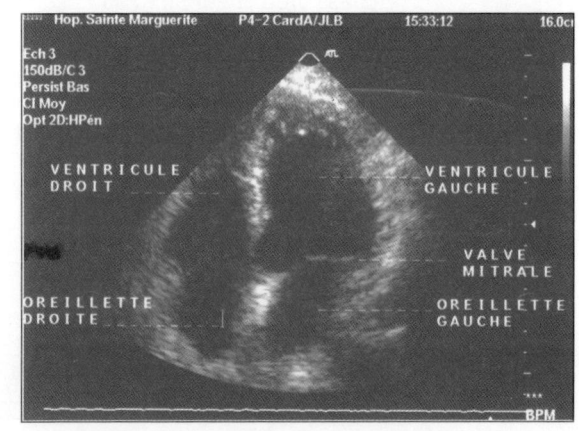

Ecocardiografia ou ecocardiograma
A utilização de ultra-sons (ecografia) permite observar a imagem dos tecidos cardíacos.

(artérias do pescoço e da porção inicial dessa artéria da cabeça) e eventuais anomalias em suas paredes, como irregularidades ou espessamento devido à arteriosclerose. Se esta estiver evoluída, a artéria carótida corre o risco de ser estreitada (estenose). A mesma sonda permite medir a rapidez do sangue na artéria (efeito Doppler): aceleração marcante geralmente indica a ocorrência de estreitamento da artéria.

O ultra-som Doppler dos vasos do pescoço é indicado em pacientes com hipercolesterolemia severa, para verificar o estado das carótidas, especialmente se um sopro for percebido durante a auscultação carotidiana. Costuma ser utilizada em caso de acidente vascular cerebral.

- **Ultra-som de abdome.** Mostra a aorta abdominal e seus prolongamentos. Pode ser útil em pacientes com hipertensão antiga e naqueles que sofrem de doenças coronarianas. Sua indicação mais relevante é para verificar a arterite dos membros inferiores. Essa ecografia pode revelar má-formação ou dilatações como aneurisma, dilatação excessiva da parede da aorta abdominal, que pode se tornar caso de urgência devido ao risco de ruptura do aneurisma.

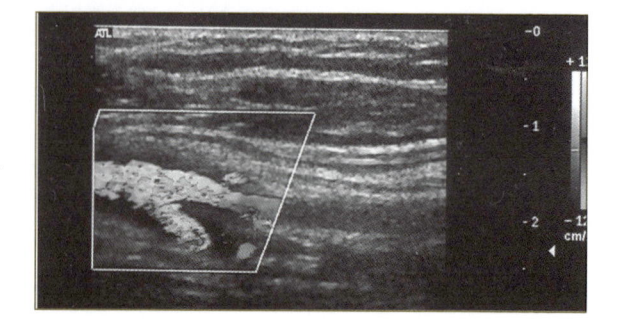

Bifurcação femoral
O ultra-som Doppler permite visualizar o fluxo sanguíneo, aqui sobre a artéria femoral de um membro inferior.

Uma cirurgia precisará ser feita se o diâmetro da dilatação ultrapassar 50 ou 55mm.

As placas de ateroma também podem se alojar sob o umbigo, na região em que a aorta abdominal se divide em duas artérias ilíacas, que seguem em direção aos membros inferiores.

- **Ultra-som Doppler das artérias dos membros inferiores.** Esse exame permite detectar os estreitamentos ou obstruções causadas pelas placas de ateroma situadas sobre as artérias femorais, tibiais e fibulares.

ECOGRAFIA E DOPPLER

- **Como funciona a ecografia**

A ecografia se baseia no princípio do sonar. Os ultra-sons emitidos por uma sonda penetram o corpo (exceto nas partes cheias de ar) e se refletem sobre certas estruturas. A mesma sonda analisa o retorno dos ultra-sons, o que permite reconstituir uma imagem da região atravessada.
O gel que é colocado sob a sonda e sobre a parte do corpo a ser analisada assegura o contato ideal com a pele (o ar impede a passagem de ultra-sons).
A ecografia ou ultra-som, indolor e segura, permite visualizar múltiplas estruturas, como coração, vasos, órgãos do abdome, próstata, feto etc.

- **Como funciona o Doppler**

O Doppler mede a velocidade do sangue. Quando um feixe de ultra-sons ou ecos encontra um corpo em movimento (os glóbulos vermelhos do sangue, por exemplo), provoca um eco de freqüência diferente.
A diferença de freqüência entre os ultra-sons emitidos e os refletidos faz um ruído tanto mais agudo quanto maior for a velocidade do sangue. O Doppler permite então medir a velocidade do sangue em determinado ponto do corpo. Esse exame não necessita de preparação nem de hospitalização e é indolor. A mesma sonda geralmente permite realizar o Doppler e a ecografia.

5

Bons hábitos alimentares

- Alimentação saudável
- Gorduras

Alimentação saudável

A alimentação saudável contribui para prevenir a arteriosclerose e suas complicações, pois permite:
- diminuir a colesterolemia;
- controlar a pressão arterial (mediante limitação do consumo de sal);
- limitar o diabetes (mediante controle do consumo de calorias);
- fornecer vitaminas e antioxidantes protetores.

Bons hábitos alimentares devem ser adotados por todas as pessoas desde a infância, qualquer que seja a taxa de colesterol no sangue.

> **"QUE TEU ALIMENTO SEJA TEU REMÉDIO, QUE TEU REMÉDIO SEJA TEU ALIMENTO"**
>
> A frase acima de Hipócrates, o pai da medicina, que viveu na Grécia da segunda metade do século V a.C., aplica-se perfeitamente ao problema do colesterol. A qualidade de vida, isto é, a boa alimentação, aliada a atividades físicas regulares e à ausência de tabagismo, ocupa lugar de destaque no tratamento desse distúrbio. Os medicamentos não são suficientes para evitar o agravamento da doença, portanto, como no caso do diabetes, a preservação da saúde em grande parte se baseia na boa vontade e na dedicação do paciente.

CARDÁPIOS

Adultos devem fazer pelo menos três refeições ao dia (café da manhã, almoço e jantar) e nunca pular uma delas. Almoço e jantar devem conter:

A dieta é uma parte essencial no tratamento da hipercolesterolemia.

- verduras e legumes crus e cozidos;
- frutas;
- carne, peixe ou ovos;
- cereais e farináceos;
- laticínios.

O consumo de calorias não deve ser excessivo. É preciso manter o peso ideal ou perder quilos sobressalentes, pois toda perda de peso ajuda a baixar o colesterol. A manutenção do peso em nível ideal permite evitar a ocorrência do diabetes do tipo 2 ou não insulina-dependente.

ALIMENTOS

É prudente limitar o consumo de colesterol alimentar tanto como medida preventiva (hipercolesterolemia familiar), quanto para buscar cura em caso de dosagens sanguíneas que revelarem colesterol alto.

Carnes, ovos e peixes

Nutricionistas recomendam consumir cinco porções de frutas ou legumes por dia, e peixes pelo menos duas vezes por semana.

- **Carnes.** Não é preciso comer carne mais do que uma vez por dia. O consumo de carnes gordas, como a de porco, por exemplo, deve ser limitado: duas vezes por semana, no máximo. É necessário evitar comer pele de aves, uma vez que são muito gordurosas.
- **Embutidos.** Geralmente são salgados demais e ricos em gorduras saturadas. Devem ser consumidos apenas uma vez por semana, no lugar da carne.
- **Ovos.** Não se deve comer mais do que quatro ovos por semana, incluindo os que são acrescentados a bolos, por exemplo. Também não se deve comer bife e ovo em uma mesma refeição.

- **Peixes.** É recomendável comer pelo menos duas vezes por semana, de preferência cozido sem gordura, em papel-alumínio, por exemplo.

Cereais e farináceos

- **Massas, arroz, batatas.** São indispensáveis para uma alimentação equilibrada. Devem ser consumidos em média uma vez por dia, evitando-se batatas fritas.
- **Pães.** Devem ser consumidos em apenas uma refeição, em até 90g.

Legumes e frutas

- **Saladas.** São pouco calóricas e fornecem muitas fibras e vitaminas. Podem ser consumidas regularmente, várias vezes por semana.
- **Legumes.** Frescos, fornecem muitas proteínas, fibras (que retêm o colesterol no tubo digestivo) e vitaminas. Deve-se consumir um prato de legumes por dia, em média. Eles podem ser acompanhados por um pouco de azeite (de preferência, extravirgem), depois de cozidos em água ou vapor. Frituras devem ser evitadas. Alho e cebola também são ótimos acompanhamentos porque, além de saborosos, ajudam a reduzir o colesterol.

É preciso consumir regularmente legumes secos (feijão, lentilhas etc.), que são ricos em proteínas vegetais e oligoelementos, e praticamente livres de lipídios. Eles permitem manter o equilíbrio alimentar ao evitar fontes de gorduras disfarçadas.

- **Frutas frescas e frutos secos.** É recomendável comer uma ou duas frutas frescas por dia, e frutos secos uma vez por semana. A maçã, por exemplo, é rica em pectina (tipo de glicídio), que auxilia na evacuação do colesterol pelas fezes.

Laticínios

- **Queijos.** Pode-se consumir uma vez por dia, preferencialmente queijos brancos. A porcentagem de gordura indicada na embalagem geralmente corresponde à proporção de gorduras por 100g do produto seco. Queijos brancos com 20% de gordura não contêm mais do que 3,5g de gordura por 100g. Mas atenção: alguns fabricantes não indicam a porcentagem de gordura do produto seco, mas sim a do produto úmido, o que faz pensar que ele seja bem mais magro do que realmente é.
- **Iogurtes.** Pode-se consumir um por dia.
- **Leite.** Pode-se beber um copo de leite integral semidesnatado ou desnatado por dia.

Doces

- **Bolos e biscoitos.** É a principal fonte de gorduras na alimentação das crianças. É preciso limitar o consumo para uma vez por semana.
- **Sorvetes.** Devem ser consumidos uma vez por semana.

Bebidas

- **Álcool e vinho.** Pode-se consumir três taças de vinho por dia ou uma latinha de cerveja por dia, exceto em caso de hipertrigliceridemia, obesidade ou alcoolismo.
- **Bebidas adocicadas** (refrigerantes, sucos etc.). Ideal é evitar essas bebidas ou substituí-las por versões *lights*.

Gorduras

A escolha da gordura a ser utilizada para cozinhar ou temperar alimentos é essencial para o controle da colesterolemia (ver págs. 72-74).

- **Óleos.** São aconselhados os óleos ricos em gorduras insaturadas: azeites, óleo de girassol, soja, milho, semente de uva. Há também margarinas ricas em gorduras insaturadas que ajudam a reduzir o LDL-colesterol. Por outro lado, gorduras de coco saturadas são ricas em gorduras não-saudáveis. É preciso evitar as frituras em caso de colesterol elevado ou limitá-las a uma vez por semana, como medida preventiva.
- **Manteiga e creme de leite.** Devem ser consumidos com moderação e substituídos sempre que possível por azeite (ou outro óleo rico em gorduras insaturadas) e por creme de leite ou iogurtes *lights*.
- **Sal e temperos.** É importante limitar o consumo de sal para menos de 10g por dia, evitando colocar sal demais ao cozinhar ou temperar alimentos que já contenham sal, para, assim, evitar a hipertensão. Para dar mais sabor aos alimentos, é melhor utilizar menos sal e mais ervas aromáticas.

TRABALHO E ALIMENTAÇÃO

Qualquer pessoa que coma fora todos os dias, especialmente em *fast-foods*, costuma se expor aos riscos do colesterol alto devido a uma alimentação rápida e gordurosa.

Além disso, muitos restaurantes, de empresas ou não, costumam oferecer refeições ricas em colesterol: ovos, carnes gordas com molhos, embutidos etc. É preciso limitar o consumo de gorduras, frituras e pratos com molho, preferindo restaurantes *self-services* ou que ofereçam saladas, grelhados e alimentos cozidos no vapor ou no forno.

ALIMENTOS ACONSELHADOS E DESACONSELHADOS

ALIMENTOS	ACONSELHADOS	DESACONSELHADOS
Carnes	• Carne, vitela, coelho, peru, frango, pato.	• Carnes gordurosas: cordeiro, carneiro, galinha caipira, ganso. • Conservas de carne e pratos prontos. • Miúdos. • Todos os embutidos (exceto presunto magro e peito de peru): salsichas, chouriço, salsichão, patês.
Frutos do mar	• Todos os peixes (exceto enguia).	• Enguia, pratos prontos de peixe, ostras, mariscos. • Crustáceos (camarões, caranguejo, lagostins etc.).
Ovos, laticínios	• Clara de ovo, leite desnatado, iogurte, queijo branco sem gordura, outros tipos de queijo (mas apenas 20g por refeição). • Produtos frescos à base de soja.	• Gema de ovo (não ingerir mais do que duas gemas de ovo por semana). • Leite integral, semidesnatado, concentrado ou gelificado. • Creme de leite fresco ou iogurte integral acima do teor de gordura permitido.
Farináceos	• Batatas cozidas com e sem casca. • Massas sem ovos, arroz, legumes secos (feijão, lentilha, ervilha), pão.	• Batatas fritas e *chips*. • Massas com ovos, tortas.
Legumes e frutas	• Todos os legumes: cozidos ou crus sem molho, frescos, congelados ou em conserva. • Todas as frutas.	• Todas as preparações de frutas ou legumes de composição desconhecida (pratos prontos), azeitonas.

ALIMENTOS ACONSELHADOS E DESACONSELHADOS

ALIMENTOS	ACONSELHADOS	DESACONSELHADOS
Sobremesas e doces	• Biscoitos em quantidade moderada. • Doces ou geléias de frutas (desaconselhados em caso de hipertrigliceridemia associada).	• Bolos e doces confeitados, chocolate, sorvete.
Bebidas	• Café, chá, infusões. • Água com ou sem gás. • Frutas frescas espremidas e suco de tomate. • Bebidas com adoçantes *light*. • Álcool (vinho e cerveja) com moderação. • Limonada e xaropes de frutas.	• Bebidas à base de leite integral. • Álcool e bebidas adoçadas, como refrigerantes, limonadas. • Xaropes de fruta podem ser desaconselhados em caso de hipertrigliceridemia associada.
Gorduras	• Azeite, óleo de milho, girassol, semente de uva, gergelim, noz, canola. • Margarina de girassol, milho, margarinas ricas em gorduras poliinsaturadas. • Margarinas indicadas para quem tem colesterol alto.	• Manteiga, margarinas comuns. • Óleo de amendoim, de coco, azeite-de-dendê.
Temperos e especiarias	• Todas as ervas e especiarias. • Vinagrete com óleos recomendados. • Limão, mostarda.	• Molhos prontos, maioneses, vinagrete comum, *ketchup*.

Gorduras

QUANTIDADES MODERADAS

Gorduras (ou lipídios) devem ser consumidas em quantidade moderada, ou seja, cerca de 30% da dieta alimentar global expressa em quilocalorias (kcal). Quanto mais ricas em gorduras saturadas forem as refeições, mais elevada será a colesterolemia.

Para diminuir o consumo de gordura, é preciso evitar excesso de manteiga, queijo, óleo, ovos e alimentos gordurosos, lembrando sempre de controlar as gorduras disfarçadas, particularmente as das carnes e doces.

Gordura da carne É preciso privilegiar as carnes magras. As carnes mais gordas são a de porco e carneiro; as mais magras, as de aves.

Importância das fibras Encontradas nos cereais, legumes e frutas, as fibras alimentares ajudam a diminuir o consumo de gordura ao provocarem sensação de saciedade. Além disso, as fibras fazem a colesterolemia diminuir, pois permanecem no intestino e retêm parte do colesterol, que então é eliminado pela excreção.

GORDURAS INSATURADAS

Para limitar o consumo de gorduras saturadas e aumentar o de gorduras insaturadas (ver pág. 11), é preciso substituir manteiga por azeite, óleo de milho, canola ou girassol; substituir laticínios integrais por desnatados; trocar carne vermelha por peixes e aves. Essa modificação na quantidade de gorduras pode diminuir a colesterolemia de 15% a 20%. Além disso, algumas gorduras insaturadas desempenham papel preventivo contra arteriosclerose (ácidos graxos ômega-3, por exemplo, são abundantes nos peixes de águas frias).

TEOR DE COLESTEROL DE ALGUNS ALIMENTOS	
ALIMENTO	TEOR EM COLESTEROL (EM MG)
Miolo de boi (100g)	2.000
Patê (100g)	200 a 400
Manteiga (100g)	250
Ovo (1)	225
Camarões (100g)	130
Frango (130g)	100
Presunto cozido	90
Bife (100g)	90
Leite semidesnatado	90
Queijo prato (100g)	90
Peixe fresco (100g)	70
Iogurte natural (1)	9

ALIMENTOS RICOS EM COLESTEROL

Ideal é diminuir a quantidade de colesterol fornecido pelos alimentos, 300mg ou menos, evitando-se alimentos ricos em colesterol. Enfim, a prática de exercícios físicos regulares e o consumo moderado de álcool (vinho, em particular) permitem que se aumente o colesterol "bom", o HDL-colesterol.

PESQUISA ALIMENTAR

O cardápio abaixo, de um homem de 43 anos que pratica atividade física moderada, é comentado por um nutricionista.

Cardápio
Café da manhã
- Uma xícara de café com leite
- Um pão francês com manteiga

Almoço
- Um pastel de queijo
- Um bife de contrafilé com molho
- Três colheres de arroz branco
- Três colheres de feijão
- Meio pão francês
- Duas bolas de sorvete

Jantar
- Um bife
- Um ovo cozido
- Três colheres de batata cozida na manteiga
- Duas colheres de arroz branco
- Meio pão francês

Análise nutricional

	QUANTIDADE	ENERGIA
Proteínas	108 g	16 %
Glicídios	295 g	43 %
Lipídios	126 g	41 %
Colesterol	545mg	—

Divisão das gorduras
- 48 % saturadas
- 35 % monoinsaturadas
- 17 % poliinsaturadas

Energia total: 2.806kcal

Comentário

O cardápio fornece colesterol em excesso (545mg em vez de 300mg desejados), excesso de gorduras (41% de calorias, em vez de 30% desejados) e excesso de gorduras saturadas (48 % em vez de 33%).
O principal erro nutricional em questão é o consumo exagerado de frituras, carnes e ovos no mesmo dia. A solução é substituir o ovo frito por verduras e legumes crus, suprimir ou diminuir a quantidade de carne no jantar e aumentar a quantidade de cereais cozidos sem manteiga.
O sorvete pode ser substituído por frutas.

Qualidade de vida

- Alimentação
- Colesterol e mulher

Alimentação

DIETA IDEAL

Em caso de excesso de peso, é preciso adotar dietas de emagrecimento. As regras alimentares (ver págs. 61-70) devem ser estritamente seguidas em caso de hipercolesterolemia, limitando-se os alimentos muito gordurosos (manteiga, ovos, queijos amarelos e carne) e o consumo de sal.

Para diminuir o consumo de sal, deve-se evitar embutidos, enlatados, conservas e pratos prontos, além de diminuir o sal à mesa.

Estenóis e esteróis vegetais

Alguns alimentos disponíveis no mercado são enriquecidos com estenóis ou esteróis vegetais, substâncias que ajudam a diminuir o colesterol. Semelhantes ao colesterol, eles impedem a absorção do colesterol no intestino, evitando que cheguem ao sangue. O consumo desses produtos pode ajudar a diminuir o LDL-colesterol em 10%.

As quantidades aconselhadas por dia são:
• uma fatia de pão ou torrada (preferencialmente integrais), com uma colher de café de margarina
• dois iogurtes;
• três colheres de sopa de margarina para cozinhar (refogar, grelhar ou assar) ou espalhar no pão ou torrada.

EFICÁCIA DA DIETA

A eficácia das dietas varia de uma pessoa para outra, por dois motivos principais.

Falta de dedicação

Muitos pacientes não seguem a dieta de modo adequado porque não a compreendem direito (por isso, consultar um nutricionista é sempre útil) ou por falta de motivação. Para alguns, comer é um prazer insubstituível. Para outros, é muito difícil mudar hábitos alimentares.

Respostas do organismo

Diferentes sensibilidades têm a ver com particularidades genéticas e hereditárias. Algumas pessoas parecem ser "programadas" geneticamente para produzir muito colesterol, o que faz com que a diminuição do consumo de alimentos seja "compensada" pelo aumento da síntese do colesterol pelo fígado.

Na realidade, a diminuição a longo prazo da colesterolemia através de dieta geralmente é modesta (de 10 a 50mg/dl, em média).

Efeitos favoráveis

Por outro lado, dietas têm efeitos positivos, como, por exemplo, melhorar o prognóstico depois de um infarto do miocárdio, pois auxilia a diminuir a colesterolemia.

VITAMINAS

Não há confirmação científica dos benefícios das fórmulas comerciais de vitaminas em relação à hipercolesterolemia. Mas a alimentação equilibrada é indispensável para fornecer ao organismo vitaminas necessárias para o seu bom funcionamento.

A carência de algumas vitaminas (ácido fólico, vitamina E etc.), causada por alimentação pobre em frutas e legumes, pode contribuir para a arteriosclerose. Pessoas idosas também tendem a sofrer de carências vitamínicas ao negligenciar a alimentação.

ATIVIDADE FÍSICA: COMPLEMENTO INDISPENSÁVEL À DIETA

O sedentarismo induz o aumento do LDL-colesterol e agrava o risco de complicações cardiovasculares. A atividade física, ao contrário, ajuda a diminuir o colesterol total do sangue e aumenta o "bom" colesterol (HDL), que tem efeito preventivo sobre os vasos sanguíneos. É recomendável fazer exercícios contínuos pelo menos três vezes por semana, em períodos de 30 minutos (natação, caminhada, bicicleta etc.). Pessoas sedentárias devem iniciar atividades físicas com cautela. Uma avaliação médica antes do início dos exercícios é indispensável. Depois, a visita ao médico pode ser anual. A partir dos 40 anos, é recomendável fazer eletrocardiogramas anualmente.

Hábitos cotidianos

Ideal é movimentar-se o máximo possível na vida cotidiana:
• subir escadas em vez de pegar elevadores ou escadas rolantes;
• caminhar até o local de trabalho, parada de ônibus ou metrô, ou deixar o carro estacionado longe;
• cuidar do jardim ou fazer trabalhos manuais em vez de assistir televisão; levar o cachorro para passear; fazer compras a pé;
• locomover-se de bicicleta e preferir lazeres físicos (dança, futebol etc.).

Colesterol e mulher

CONTRACEPÇÃO

Pílulas anticoncepcionais são contra-indicadas em caso de hipercolesterolemia ou hipertrigliceridemia, pois fazem aumentar os níveis de colesterol e triglicérides. Antes de prescrever pílulas anticoncepcionais, o médico deve pedir exames de sangue para medir glicemia, colesterol e triglicérides. Os exames de controle devem ser realizados 3 e 12 meses depois. Se os resultados forem normais, os exames devem ser refeitos de dois em dois anos em mulheres com mais de 35 anos que tomam pílulas. Em idades mais avançadas, os exames precisam ser mais freqüentes.

A pílula anticoncepcional é o único medicamento que deve ser evitado em caso de colesterolemia.

GRAVIDEZ

É natural que o colesterol aumente durante a gravidez. Porém, o aumento pode ser excessivo em mulheres que apresentam hipercolesterolemia prévia.

Ausência de antecedentes

Colesterol e triglicérides do sangue aumentam naturalmente durante a gravidez em resposta à impregnação hormonal. Os triglicérides atingem um pico de 20 a 30mg/dl, ou seja, duplicam ou triplicam em relação à taxa inicial. O colesterol, o LDL-colesterol em particular, aumenta cerca de 50% durante a gravidez. Colesterol e triglicérides voltam ao normal dois meses depois do nascimento do bebê.

Essa elevação da taxa de gordura é benéfica para o feto, pois lhe fornece ácidos graxos suficientes que o ajudam a crescer. Porém, é possível que algumas mulheres que estiveram grávidas anteriormente apresentem risco mais elevado de sofrer angina do peito ou infarto. O aumento transitório de colesterol e triglicérides é normal na mulher saudável durante a gravidez e não necessita ser tratado com dietas.

Excesso de colesterol
Nas mulheres que já apresentavam hipercolesterolemia, o colesterol se eleva ainda mais durante a gravidez. De modo geral, deve-se parar de ingerir medicamentos que diminuem o colesterol antes da concepção e só continuar a tomá-los depois do parto.

Em caso de hipercolesterolemia grave, o médico prescreve colestiramina e uma dieta alimentar.

Excesso de triglicérides
Quando a hipertrigliceridemia é anterior à gravidez, os lipídios se elevam ainda mais nesse momento, obrigando, muitas vezes, a paciente a seguir dietas de restrição de açúcares rápidos.

Menopausa

A colesterolemia aumenta moderadamente nos anos que se seguem à menopausa, devido ao envelhecimento natural e às mudanças hormonais. Tratamentos de reposição hormonal diminuem um pouco o colesterol, especialmente quando ministrados por via oral. Contudo, favorecem a formação de cálculos nos primeiros meses de tratamento, fator que explica por que eles não têm um efeito preventivo eficaz sobre a arteriosclerose e o infarto. Os riscos a curto prazo devem ser considerados quando a mulher sofrer de alguma doença vascular.

Reposição hormonal

Em recentes estudos foi demonstrado que a reposição hormonal não interfere na morbi-mortalidade das mulheres menopausadas, ou seja, nenhum benefício concreto foi verificado nesses estudos. Também se conclui que a terapia de reposição hormonal a longo prazo apresenta mais riscos do que benefícios.

Entende-se que riscos vasculares cardíacos e cerebrais, e câncer de mama superam a proteção contra a osteoporose e o câncer intestinal. Portanto, parece sensato não seguir esse tipo de tratamento por muito tempo. Ressalta-se que mulheres que já apresentem doenças cardiovasculares não devem receber a reposição hormonal.

7

Tratamento

- Estratégia geral
- Medicamentos para o colesterol
- Adotar um tratamento
- Tratamento da hipertrigliceridemia

Estratégia geral

PRINCÍPIOS DOS TRATAMENTOS

Tratamentos para pacientes de hipercolesterolemia se baseiam em cinco princípios gerais.

- Não iniciar o tratamento a menos que a hipercolesterolemia seja confirmada por um segundo exame de sangue.
- Tratar a causa, quando existir. Tratar diabetes ou hipertireoidismo, interromper o uso de pílulas anticoncepcionais e certos medicamentos contra acne. Porém, nem sempre é possível interromper tratamentos com cortisona ou anti-retroviral (no caso de HIV), por exemplo, mesmo se essas substâncias forem a causa da elevação da taxa de colesterol.
- Corrigir simultaneamente os principais fatores de risco: obesidade, diabetes, hipertensão e tabagismo. Em outras palavras, quando se está acima do peso ou se é fumante, é insuficiente ingerir comprimidos para baixar o colesterol. É preciso acima de tudo parar de fumar e iniciar dietas para redução de peso.
- Dar preferência às dietas antes de ingerir medicamentos hipocolesterolemiantes.
- Definir a taxa de colesterol desejada. Essa taxa deve ser tanto mais baixa quanto mais alto for o risco vascular. Por exemplo: LDL-colesterol de 150mg/dl pode ser tolerado (a taxa ideal é inferior a 130mg/dl) em um homem de 50 anos em perfeito estado de saúde e não-fumante, mas necessita de tratamento em um de mesma idade, fumante e hipertenso.

Colesterol "bom" e colesterol "ruim"

Os valores ideais para tratamento do colesterol são definidos em relação ao LDL-colesterol. Mas o tratamento não deve se limitar em diminuir o colesterol "ruim" e tampouco aumentar o colesterol "bom" (HDL). As atitudes capazes de aumentar o colesterol "bom" são as seguintes:
- atividade física;
- perda de peso, em caso de obesidade;
- parar de fumar;
- tratamento com fibratos.

QUANDO SE TRATAR

Em caso de antecedentes coronarianos

Pessoas que já apresentaram algum problema coronariano (angina de peito, infarto) devem fazer dieta e tomar medicação para abaixar o colesterol, exceto se ele for menor do que 160mg/dl.

Na ausência de antecedentes coronarianos

No caso de pacientes que nunca sofreram de problemas do coração, o médico leva em conta outros fatores de risco:
- idade (o risco aumenta depois dos 50 anos);
- histórico de pai, mãe ou irmãos que tenham sofrido infarto do miocárdio ou morte súbita antes dos 60 anos;
- tabagismo atual (tabagismo interrompido há alguns meses não é considerado fator de risco);
- hipertensão arterial;
- diabetes;
- HDL-colesterol inferior a 35mg/dl (0,9mmol/l).

Tratamento dietético

Seguir apenas dietas é indicado em um primeiro momento, se:
• o LDL-colesterol é superior a 160mg/dl (4,1mmol/l) e o paciente apresenta menos de três outros fatores de risco associados;
• o LDL-colesterol é superior a 130mg/dl (3,4mmol/l) e o paciente apresenta três ou mais fatores de risco associados.

Medicamentos

A prescrição de medicamentos para reduzir o colesterol é indicada se, depois de três meses de dietas, o LDL-colesterol for:
• superior a 220mg/dl em pacientes sem outros fatores de risco;
• superior a 190mg/dl em pacientes que apresentam um fator de risco associado;
• superior a 160mg/dl em pessoas que tenham dois fatores de risco associados;
• superior a 130mg/dl em pessoas com três fatores de risco associados.

Esses valores representam limiar de desencadeamento de tratamentos amplamente superior aos valores ideais. O objetivo dos tratamentos é diminuir os riscos cardiovasculares.

Medicamentos para o colesterol

Existem dois grandes tipos de medicamentos para reduzir o colesterol:
• os primeiros diminuem a absorção do colesterol pelo intestino: são a colestiramina e o ezetimibe.
• os segundos inibem a síntese do colesterol pelo fígado: são as estatinas e os fibratos.

MEDICAMENTOS QUE DIMINUEM A ABSORÇÃO DO COLESTEROL PELO INTESTINO

Colestiramina

A colestiramina é uma resina em forma de pó, que deve ser diluída em água antes de ser ingerida. Esse pó age no intestino sequestrando os ácidos biliares secretados pela bile e diminuindo a reabsorção do colesterol alimentar, que é eliminado juntamente com o colesterol fixado à enzima. É um medicamento que reduz a colesterolemia total em cerca de 20%.
• **Efeitos secundários.** A colestiramina é geralmente mal tolerada pelo tubo digestivo, podendo causar gases ou constipação, sobretudo no início do tratamento.

Além do colesterol, o pó também pode fixar certos medicamentos no intestino. É por isso que o medicamento deve ser ingerido no mínimo uma hora depois ou quatro horas antes de outros medicamentos. Do mesmo modo, a colestiramina pode se fixar em algumas vitaminas alimentares, o que provoca carência vitamínica em crianças tratadas com o medicamento. Por outro lado, a colestiramina não entra na corrente sanguínea, não acarretando nenhum efeito indesejável.

Ezetimibe O ezetimibe inibe a absorção do colesterol ao nível da mucosa intestinal. Ele reduz em cerca de 20% o LDL-colesterol e apresenta poucos efeitos colaterais.

Como é menos eficaz que as outras estatinas, é sempre empregado em associação com essas substâncias ou quando elas não são bem toleradas.

ANTICOAGULANTES E MEDICAMENTOS CONTRA O COLESTEROL

Os anticoagulantes são medicamentos usados para deixar o sangue mais fluido. São prescritos principalmente para prevenir ou tratar tromboses (formação de coágulos) nos vasos sanguíneos. Em pacientes que seguem tratamento anticoagulante, determinados medicamentos abaixam o colesterol modificando a taxa de protrombina, que é o indicador do tempo de coagulação. Antes de prescrever um medicamento que diminua o colesterol, o médico deve ser informado pelo paciente sobre outros tratamentos em curso, especialmente aqueles à base de anticoagulantes.

MEDICAMENTOS QUE INIBEM A SÍNTESE DE COLESTEROL PELO FÍGADO

Estatinas

Estatinas são os principais medicamentos utilizados para reduzir o colesterol. Elas inibem uma enzima maior que intervém no início da síntese do colesterol no fígado, a HMG-CoA redutase.

- **Eficácia das estatinas.**
  - reduzem bastante o colesterol: algumas delas em até 60% do LDL-colesterol;
  - são fáceis de usar: ingestão uma vez por dia, de preferência à noite;
  - impedem o desenvolvimento da arteriosclerose;
  - estudos mostram que as estatinas diminuem em um terço os acidentes cardíacos (morte por infarto, pontes de safena e dilatação das coronárias) em caso de hipercolesterolemia. O benefício é ainda maior em pacientes que já sofreram infarto do miocárdio. Nesse caso, elas reduzem a mortalidade total em 20% mesmo na ausência de hipercolesterolemia;
  - são bem toleradas pelo organismo.
- **Efeitos indesejados.** Mais freqüente é a intoxicação digestiva, com gases e diarréia ou, ao contrário, constipação. A hepatite é rara. Crises hepáticas são possíveis, neste caso, manifestando-se por elevação das transaminases (TGO, TGP).

Estatinas podem provocar dores ou câimbras musculares difusas nas pernas ou braços. Se ocorrerem, o tratamento deve ser interrompido.

O efeito indesejado mais grave é a rabdomiólise, destruição generalizada da massa muscular. Essa afecção se traduz por dores musculares insuportáveis e fraqueza. O exame de sangue apresenta elevação significativa da creatina fosfoquinase, ou CPK (mais de 1000 UI), enzima presente nas células musculares, e, às vezes, também de creatinina, o que indica insuficiência renal.

- **Controle.** Além do controle da colesterolemia, não é preciso fazer exames de sangue complementares quando se está em tratamento com estatinas. Por outro lado, em caso de dores musculares ou fadiga, é aconselhável medir a CPK e as transaminases no sangue. Essa dosagem pode ser realizada uma vez por ano, juntamente com os exames dos lipídios.
- **Contra-indicações.** As estatinas não devem ser prescritas para pacientes que sofram do fígado ou em mulheres grávidas. Também é preciso evitar ministrá-las com fibratos, exceto em casos particulares.

EFEITO TÓXICO DE ALGUMAS ESTATINAS: RABDOMIÓLISE

Em 2001, autoridades sanitárias norte-americanas divulgaram um número anormal de casos de rabdomiólise mortal entre pacientes tratados com cerivastatina, uma molécula da família das estatinas.

A pesquisa mostrou que a cerivastatina é mais tóxica do que outras estatinas, e que foi utilizada em dosagens altas demais nos Estados Unidos, sobretudo quando ministrada com medicamentos como genfibrozil ou ciclosporina, que aumentam a toxidade da cerivastatina. A sustância foi retirada do mercado em 2001. Outras estatinas também podem provocar rabdomiólise, mas em casos excepcionais.

MEDICAMENTOS QUE REDUZEM A COLESTEROLEMIA		
MOLÉCULAS	PRINCÍPIO ATIVO	DOSES POR DIA
Estatinas	Atorvastatina	10 a 80mg
	Sinvastatina	20 a 80mg
	Pravastatina	20 a 80mg
	Fluvastatina	20 a 80mg
	Rosuvastatina	10 a 40mg
Fibratos	Fenofibrato	160 a 200mg
	Genfibrozil	900mg
	Bezafibrato	200 a 400mg
	Ciprofibrato	100mg
Resinas	Colestiramina	1 a 3 sachês
Ezetimibe	Ezetimibe	10mg = 1 comprimido

- **Para quando se esqueça a medicação.** Esquecer uma vez ou outra de tomar a estatina ou dobrar a dose por engano não traz nenhuma conseqüência. Não é preciso dobrar a medicação ou modificar o tratamento nos dias seguintes, mas seguir o que foi prescrito pelo médico.

Fibratos

Fibratos são eficazes para fazer diminuir a taxa de triglicérides, embora também ajam sobre o colesterol: estima-se que baixem o LDL-colesterol em cerca de 10 a 20%.

Por isso, são utilizados especialmente em pacientes que apresentam ao mesmo tempo taxas de colesterol e de triglicérides elevadas, principalmente durante o diabetes.

Algumas moléculas da família dos fibratos também são eficazes para a prevenção de acidentes co-

ronários (genfibrozil) ou para diminuir o desenvolvimento de lesões coronárias (fenofibrato).
- **Efeitos indesejados.** Intolerância digestiva, dores musculares e, mais raramente, distúrbios de ereção.
- **Contra-indicações.** Fibratos não devem ser utilizados em caso de gravidez ou insuficiência renal.

AFÉRESE DE LDL

Ao lado dos tratamentos medicamentosos, existe uma técnica chamada aférese de LDL, que pode ser indicada no caso de pacientes com hipercolesterolemia severa. Ela consiste em filtrar do sangue o LDL-colesterol, assim como a diálise renal retira a uréia e outros dejetos do sangue.

O sangue é aspirado continuamente por uma bomba instalada em uma veia do braço, tratado por um aparelho especial e, depois, reintroduzido por outro acesso venoso do outro braço. Cada sessão dura de uma a duas horas e deve ser refeita, de acordo com o paciente, uma vez a cada 15 dias ou duas vezes por semana. Com essa filtragem, o LDL-colesterol diminui de 60 a 75%.

Além da dificuldade do procedimento e do incômodo que causa ao paciente, o principal efeito indesejado dessa técnica é a queda da pressão arterial. Hipocalcemia (diminuição do cálcio no sangue) também pode ocorrer.

Esse tratamento penoso mas eficaz é indicado em caso de hipercolesterolemia severa (superior a 400mg/dl), sobretudo de origem familiar.

Adotar um tratamento

MEDICAMENTOS

Como primeira opção, os medicamentos da família das estatinas (sinvastatina, pravastatina, fluvastatina, atorvastatina e rosuvastatina) são os mais recomendados para reduzir o colesterol. Existem várias marcas disponíveis no mercado, além de medicamentos genéricos. O efeito máximo dos tratamentos (de apenas dieta ou de dieta com medicamentos para reduzir o colesterol) é mais visível ao final de seis meses.

Por isso, é recomendável fazer novos exames de sangue para medir a dosagem de colesterol, triglicérides, HDL e LDL-colesterol apenas dois meses depois do início do tratamento.

Ajustes do tratamento

Se o LDL-colesterol não baixar suficientemente, o médico precisa fazer ajustes no tratamento (aumentar as doses de estatina ou acrescentar ezetimiba, por exemplo). Novos exames devem ser feitos após dois meses. Se essas medidas ainda não forem suficientes, o médico deve prescrever a colestiramina (ver pág. 82), uma resina apresentada em forma de envelopes ou sachês. Se o colesterol voltar aos valores normais, os exames de sangue seguintes podem passar a ser realizados uma ou duas vezes por ano.

Em caso de hiperlipidemia mista

Nesse caso, o aumento de triglicérides se alia a um excesso de colesterol. Essa hiperlipidemia ocorre sobretudo entre os diabéticos e pacientes de sín-

7 Tratamento

O excesso de colesterol não influencia a sexualidade. Os fibratos podem perturbar a ereção nos homens, mas esse efeito é raro.

drome metabólica (ver pág. 32). O médico deve prescrever vários medicamentos da família dos fibratos (ver págs. 86-87), que são uma boa alternativa para as estatinas.

Existem várias moléculas de fibratos: genfibrozil, fenofibrato, bezafibrato e ciprofibrato.

MEDICAMENTOS *VERSUS* DIETAS

Medicamentos não dispensam as dietas, pois estas não têm como único objetivo diminuir o colesterol. A boa alimentação traz outros benefícios para a saúde, que ajudam a diminuir significativamente os fatores de risco cardiovascular, o diabetes do tipo 2, a elevação da pressão arterial e, obviamente, a obesidade.

MÉDICO A CONSULTAR

Na maioria dos casos, o clínico-geral é o especialista mais indicado para diagnosticar e depois tratar e acompanhar os problemas de excesso de colesterol ou triglicérides. Porém, pode-se contar com o apoio de endocrinologistas ou nutricionistas, especialmente quando se tratar de um hiperlipidemia familiar severa de origem genética, resistente aos tratamentos habituais.

Pacientes com doenças cardíacas associadas e hipercolesterolemia refratária precisam ser acompanhados por cardiologistas.
Em outros casos, como alcoolismo e distúrbios alimentares, apoio de psiquiatras ou psicólogos pode ser indispensável para ajudar a combater as causas profundas das anomalias relacionadas aos lipídios sanguíneos.

agir

Em relação à colesterolemia, é certo que em muitos casos a dieta é suficiente para regularizar a taxa do colesterol e que a escolha de gorduras saudáveis na alimentação (ver págs. 68-74) previne a arteriosclerose.

Além disso, enquanto os medicamentos podem causar efeitos indesejáveis, a boa alimentação só traz benefícios para a saúde.

MEDICAÇÃO PROLONGADA

Quando a hipercolesterolemia for de origem genética, geralmente é necessário seguir o tratamento por vários anos. Porém, depois dos 80 anos, nem sempre é útil continuar a tomar remédios contra o colesterol, por dois motivos:
• na ausência de doença dos vasos sanguíneos, o benefício desses medicamentos ainda não foi comprovado;
• a colesterolemia tende a diminuir espontaneamente depois dos 70 anos.

Quando a hipercolesterolemia for severa devido a excesso de peso ou maus hábitos alimentares, a ingestão de medicamentos que reduzem o colesterol pode ser interrompida depois da perda de peso e de melhora na dieta alimentar. Assim, depois de confirmada a redução do colesterol através do exame de sangue, o médico pode aconselhar a interrupção do tratamento durante um mês. Na seqüência, ele solicita a repetição do exame de sangue, para confirmar a normalização da taxa de colesterol.

Ainda não foram comprovados os efeitos benéficos dos óleos de peixe (ômega-3) sobre o colesterol. Porém, eles reduzem a taxa de triglicérides e parecem ter efeito protetor dos vasos sanguíneos, independentemente do colesterol.

Interromper esse tipo de medicamento por um mês não apresenta nenhum risco. Se o colesterol permanecer inferior aos valores máximos aconselhados, não será necessário retomar o medicamento.

O acompanhamento regular do colesterol poderá ser feito uma ou duas vezes por ano.

TRATAMENTO DA COLESTEROLEMIA APÓS 75 ANOS

A colesterolemia começa a baixar depois dos 70 anos. No idoso, as doenças cardiovasculares se tornam menos dependentes do colesterol e cada vez mais relacionadas ao envelhecimento natural. Seja qual for a colesterolemia, as artérias envelhecem, esclerosam e podem se romper.

Além disso, privar os idosos de certos alimentos ricos em colesterol, como laticínios, pode trazer conseqüências ruins, como carência de cálcio ou de algumas vitaminas.

Esses argumentos devem ser considerados para decidir se o tratamento da hipercolesterolemia deve ser continuado depois dos 75 anos.

Bons hábitos alimentares (ver págs. 61-74) devem ser bem mantidos.

Em relação aos medicamentos, as estatinas comprovaram-se benéficas aos pacientes entre 70 e 80 anos que já apresentaram problemas cardiovasculares.

Nos pacientes com mais de 75 anos que nunca tiveram doenças cardiovasculares, os benefícios desses medicamentos são contestáveis e seu uso deve ser discutido caso a caso.

As estatinas não devem ser prescritas se a hipercolesterolemia for moderada ou se o paciente apresentar doença grave como câncer ou doença de Alzheimer.

Tratamento da hipertrigliceridemia

DIETA ALIMENTAR

O tratamento de hipertrigliceridemia sempre inclui dietas para:
- interromper consumo de álcool;
- fazer o paciente diminuir de peso, se necessário;
- diminuir ou interromper a ingestão de açúcares rápidos e produtos adocicados.

Quando a hipertrigliceridemia for de origem genética, é comum que dietas não sejam suficientes, por isso medicamentos de fibratos ou ômega-3 são prescritos.

Pílulas anticoncepcionais são contra-indicadas se os triglicérides estiverem realmente altos.

MEDICAMENTOS

Quando tratar
- Quando a taxa de triglicérides for superior a 500mg/dl, o médico deve prescrever medicamentos para evitar o surgimento de pancreatite aguda. Essa é a principal complicação do excesso de triglicérides e que piora com o abuso de álcool, um hábito que geralmente está na origem do distúrbio lipídico.
- Se a hipertrigliceridemia for inferior a 500mg/dl, os benefícios do tratamento com medicamentos são mais discutíveis, exceto em caso de hiperco-

lesterolemia associada e em pacientes com doença coronária.

Medicamentos Entre os medicamentos que reduzem os triglicérides estão fibratos, óleos de peixe e, em nível moderado, estatinas.

Os óleos de peixe de águas frias são muito ricos em ácidos graxos ômega-3, substâncias importantes para a prevenção de doenças cardiovasculares. Eles diminuem os triglicérides de 20% a 30% e são principalmente indicados:

• em caso de hipertrigliceridemia severa para prevenir a pancreatite (inflamação do pâncreas);

• em pacientes que apresentam hipertrigliceridemia associada a um risco elevado, devido a doenças coronárias.

Os fibratos (ver págs. 90-91) diminuem os triglicérides em cerca de 30% a 40%.

Dúvidas mais freqüentes

- O que é colesterol? **Ver pág. 13**

- Qual a concentração normal de colesterol no sangue? **Ver pág. 24**

- Como a hipercolesterolemia se manifesta? **Ver pág. 26**

- Qual o papel da alimentação sobre o excesso de colesterol? **Ver pág. 22**

- O que é colesterol "bom"? **Ver pág. 18**

- Quais são as conseqüências do excesso de colesterol? **Ver págs. 35-45**

- Que exames precisam ser feitos? **Ver págs. 50-59**

- É preciso fazer exames de sangue regularmente? **Ver págs. 52-53**

- Em caso de colesterol alto, há riscos em se tomar pílulas anticoncepcionais? **Ver pág. 75**

- Pode-se seguir tratamentos hormonais substitutivos em caso de excesso de colesterol? **Ver págs. 76-77**

- Dietas alimentares são imprescindíveis em caso de colesterol elevado? **Ver págs. 72-74**

- Qual dieta alimentar é preciso seguir em caso de colesterol alto? **Ver págs. 61-74**

- É preciso medicar-se por toda a vida? **Ver págs. 92-93**

- É preciso medicar-se para tratar o excesso de colesterol?
  Ver págs. 82-87

- O tratamento através de drogas dispensa a dieta? **Ver págs. 89-90**

- Quais são os efeitos indesejáveis dos medicamentos que reduzem o colesterol? **Ver págs. 82-87**

- Como tratar o excesso de triglicérides? **Ver págs. 92-93**

- A gravidez altera a taxa de colesterol? **Ver págs. 75-76**

- Pode-se praticar atividades físicas normalmente quando se tem colesterol alto? **Ver pág. 74**

Verdades e mentiras sobre o colesterol

O colesterol é nocivo.

Falso. O colesterol é indispensável à vida. Ele participa do funcionamento das membranas celulares e está na origem de vários hormônios. O excesso de LDL-colesterol é que prejudica as artérias.

As principais fontes alimentares de colesterol são a manteiga e o queijo.

Falso. Esses alimentos são ricos em gorduras e colesterol, mas a maior parte do colesterol é fornecida pelos ovos e pelas carnes.

A hipercolesterolemia necessita de dieta.

Verdadeiro. A dieta consiste em limitar a ingestão de gorduras, de sal em caso de hipertensão e de calorias em caso de obesidade.

Algumas pessoas produzem colesterol em excesso.

Verdadeiro. O organismo é capaz de sintetizar o colesterol e assegurar todas as necessidades do corpo, se a alimentação for privada desse tipo de gordura. A hipercolesterolemia pode resultar tanto do excesso no consumo alimentar quanto de excesso na síntese de colesterol – ou de ambos.

O colesterol "ruim" (LDL) é tóxico para as artérias.
>**Verdadeiro.** Quando é abundante demais, o LDL-colesterol se acumula nas paredes das artérias e provoca a formação de placas de ateroma na região.

A hipercolesterolemia causa fadiga.
>**Falso.** O excesso de colesterol no sangue não provoca sintomas diretos.

Medicamentos que reduzem o colesterol são perigosos.
>**Verdadeiro e falso.** Na maioria dos casos, os medicamentos são bem tolerados pela maioria das pessoas. Complicações graves, como lesões musculares generalizadas, são excepcionais. Elas ocorrem principalmente em caso de insuficiência renal, dosagens altas ou associação de vários medicamentos para reduzir o colesterol.

É preciso suprimir todos os ácidos graxos em caso de hipercolesterolemia.
>**Falso.** É preciso reduzir e preferir certas sustâncias gordurosas a outras. Margarinas de girassol, azeite de oliva, óleo de girassol e semente de uva etc. são mais indicados para prevenir a arteriosclerose do que a manteiga. Algumas margarinas enriquecidas com estanol ou fitoesterol são até mesmo capazes de diminuir o colesterol "ruim" em 10%.

Glossário

Albumina: proteína hidrossolúvel sintetizada pelo fígado, que constitui, junto com as globulinas, as principais proteínas do sangue.

Aneurisma arterial: dilatação de um segmento do vaso arterial. Ocorre geralmente em decorrência de lesão da parede vascular causada por ateroma. As complicações podem ser múltiplas: ulceração responsável por dor local, compressão de órgãos situados nas proximidades, embolia causada por um cálculo que forra a parede do aneurisma ou ainda ruptura do aneurisma, provocando hemorragia geralmente fatal.

Angina: dor torácica – que pode se irradiar pelo pescoço, mandíbula e braços – causada por má irrigação do coração. A angina se explica pela contração anormal de uma ou várias artérias do coração.

Angioplastia: intervenção cirúrgica que consiste em reparar, dilatar ou remodelar um vaso comprimido ou dilatado.

Arteriosclerose: doença degenerativa da artéria originada pela formação de uma placa de ateroma sobre a parede arterial. A arteriosclerose só se manifesta quando o ateroma atinge tamanho suficiente para perturbar a circulação do sangue na artéria ou quando ocorre ruptura. Ela pode provocar crises de angina, vertigens ou dores nos membros.

Ateroma: depósito lipídico sobre a superfície interna da parede das artérias.

Colesterol: substância lipídica, essencialmente sintetizada pelo fígado a partir de uma outra substância, a acetilcoenzima A.

Colesterolemia: taxa de colesterol no sangue.

Creatinina: substância enzimática proveniente da degradação da creatina, constituinte do tecido muscular.

Diabetes melito: afecção crônica caracterizada por uma glicosúria (presença de açúcar na urina) decorrente de hiperglicemia (excesso de açúcar no sangue).

Enzima: proteína que acelera as reações químicas do organismo.

HDL-colesterol: fração do colesterol sanguíneo transportado pelas lipoproteínas (substâncias que associam lipídios e proteínas) do tipo HDL (*high density lipoproteins*, ou lipoproteínas de alta densidade).

Hipercolesterolemia: aumento anormal da colesterolemia.

Hipertrigliceridemia: aumento da taxa de triglicérides no soro acima de 180mg/dl.

Infarto do miocárdio: necrose de uma parte relativamente significativa do miocárdio (músculo cardíaco), decorrente de obstrução grave de uma artéria coronária.

Isquemia: diminuição ou suspensão da circulação arterial numa região mais ou menos extensa de um órgão ou tecido. A isquemia causa déficit de oxigênio e alteração do metabolismo.

LDL-colesterol: fração do colesterol sanguíneo transportado pelas lipoproteínas do tipo LDL (*low density lipoproteins*, ou proteínas de baixa densidade).

Linfa: líquido orgânico originado no sangue, composto de proteínas e lipídios, que circula nos vasos linfáticos e transporta glóbulos brancos, especialmente os linfócitos e, portanto, possui papel importante no sistema imunológico.

Ponte de safena: procedimento cirúrgico que utiliza seção de uma veia de outra região do corpo (geralmente a safena, daí o nome) para ligar a aorta à artéria coronária distal (enxerto venoso), em casos de lesão obstrutiva desta artéria.

Quilomícron: grande partícula lipídica que circula no sangue e transporta triglicérides de origem alimentar depois da digestão.

Sais biliares: substância derivada do colesterol, produzida pelas células hepáticas e secretada na bile. Ela permite a quebra e a absorção das gorduras.

Tireoestimulina (TSH): hormônio secretado pela ante-hipófise (parte anterior da hipófise, uma pequena glândula endócrina localizada na base do cérebro) que estimula a síntese de hormônios tireoidianos e também o crescimento e a proliferação das células tireoidianas.

Triglicérides: lipídio composto por três moléculas de ácido graxo ligadas a uma molécula de glicerol.

Xantelasma: conjunto de pequenas manchas amareladas levemente salientes, constituídas por depósito de colesterol e localizadas na parte superior das pálpebras, próxima ao nariz.

Índice

A
Acidente vascular cerebral (AVC) 43, 44, 58
Açúcar 32, 76, 92, 99
Aférese de LDL 29, 87
Álcool 10, 11, 18, 42, 64, 67, 70, 92
Alimentação 11, 14, 17, 19-22, 42, 61-65, 72, 74, 89-90, 94, 96
Angina do peito 22, 24, 31, 39, 51-52, 56, 76
Angioplastia 41, 98
Anticoagulantes 40, 83
Antioxidantes 44-45, 61
Apoproteínas A, B 48
Arco córneo 28, 30
Arteriosclerose 5, 21, 34-39, 58, 61, 69, 74, 77, 84, 90, 97-98
Arterite 28, 39, 51-52, 58

B
Betabloqueadores 32

C
Carne 16, 62, 65-66, 68-70, 72, 96
Cintilografia cardíaca 55
Colestiramina 33, 76, 82-83, 86, 88
Coronariografia 55-56
Creatinina 53, 85, 98
Criança 33, 52, 64, 83

D
Diabetes 15, 18, 25-26, 31, 34, 44, 50, 53-54, 61-62, 78-80, 86-87, 99
Doppler 56-59

E
Ecografia 55-59
Eletrocardiograma 41, 54-55, 57, 74
Embutidos 62, 65-66, 72
Estatinas 32-33, 82-89, 91, 93
Esteróides 9, 15, 33
Ezetimibe 82-83, 86

F
Farináceos 62-63, 66
Fibras 36, 42, 63, 68
Fibratos 32-33, 80, 82, 85-89, 92-93
Fibrose 36
Fígado 10, 12-19, 37, 53, 73, 82, 84-85, 98
Fosfolipídios 11, 14

G
Gerontoxon 30
Glicemia 32, 50, 51, 53, 75, 99
Gravidez 26-27, 33, 75-76, 87, 95

H
HDL-colesterol 16-19, 32, 48, 50-52, 70, 74, 80, 88, 99
Hereditariedade 21-22, 25, 28
Hipertensão arterial 25-26, 32, 36-37, 39, 42-43, 51, 53-54, 58, 65, 79-80, 96

I

Infarto do miocárdio 21-22, 25, 29, 32, 39-42, 44, 51-53, 56, 73, 76-77, 80, 84, 99

Insaturadas (gorduras) 65, 67-70

Insuficiência renal 18, 31, 53, 85, 87, 97

Isquemia 38, 99

L

Laticínios 16, 62, 64-72, 91

LDL-colesterol 16-19, 24-25, 28-29, 32, 37, 45, 48, 50-52, 65, 72, 74-75, 79-88, 96-97, 99

Lipoproteína 10, 16-18, 99

M

Manteiga 65, 67-70, 72, 96-97

Margarina 65, 67, 72, 97

Menopausa 21, 76-77

Monoinsaturado (ácido graxo) 11, 100

Mulher 20-21, 32, 43-44, 51, 75-77, 85

O

Óleo 11, 65-69, 97

Óleos de peixe 42, 90, 93

Omega-3 11, 69, 90-93

Ovos x62, 65-66, 68, 70, 72, 96

P

Pancreatite 15, 92-93

Peixe 16, 42, 62-63, 69

Pílula anticoncepcional 75

Poliinsaturado (ácido graxo) 11, 100

Ponte de safena 41, 99

Q

Queijo 64, 66, 68-72, 96

Quilomícrons 12, 48

R

Rabdomiólise 84-85

Reposição hormonal 76-77

S

Sal 61-62

Saturado (ácido graxo) 10-11, 100

Síndrome metabólica (ou Síndrome X) 32, 54, 88

Síndrome nefrótica 31

T

Tabagismo 5, 15, 21, 25, 37, 42, 44-45, 51, 54, 61, 79-80

Triglicérides 5, 11-18, 30-32, 48-51, 75-76, 86, 88-95, 99-100

Trombose 40-41, 83

TSH (Tireoestimulina) 52, 100

V

Vesícula biliar 19

Vinho 18, 42, 64, 67, 70

X

Xantelasma 29-30, 100

Xantoma 29-30

COLESTEROL
foi impresso em São Paulo/SP, pela IBEP Gráfica
para a Larousse do Brasil, em fevereiro de 2006.